1㎡からはじめる

花いっぱいの 小さな庭づくり

小黒 晃

山と溪谷社

花が咲き継ぐ、小さな庭づくり

四季折々にさまざまな花が咲く、そんな庭をつくってみませんか。

玄関脇や窓辺の下、通路ぞいや塀際など、

わずかなスペースでも花壇はつくれます。

1㎡（例：タテ1m×ヨコ1m）あれば十分。レンガで囲えば枠ができます。

花は種類が多く、選び方や組み合わせ次第で、印象はまったく変わります。

無限の可能性があるといってもいいでしょう。

小さな花壇に、大きな世界が広がります。

最初はわからないことが多く、不安もあるかと思います。

少しずつでも試してみることで、新しい発見に出合い、

いままで気づかなかったことも見えてきます。

色彩や形だけでなく、香りや手ざわりも感じてみましょう。

風にそよぐ姿や、音も風情があります。また、どのように成長していくのか、

日々の観察で植物それぞれの性質もわかってきます。

天候のよいときもあれば、そうではないときもあり、

その時々でさまざまな表情を見せてくれます。

早春の球根類や山野草類からはじまり、

春から夏には次々と入れ替わるように花のリレーが続きます。

そして、秋の花にバトンタッチ。

冬枯れの中でも、常緑性のもの、実の美しいものが多く見られます。

庭や花壇は、どの方向から見るかによって風景はだいぶ変わります。

バランスと周囲との調和は大切なので、余裕をもって少なめに植えておき、

後から補ったり修正したりしていくのがよいでしょう。

いつどんな手入れをしたらよいかも、少しずつわかってきます。

何かに導かれているようですが、

植物の大切さ、ありがたさが改めて感じられます。

小黒 晃

早春の黄色に、
橙色の差し色が目に鮮やか。

春の訪れをいち早く知らせてくれる球根類。地中で冬越しをした球根から、元気よく花が咲きます。スノードロップ、クロッカス、スイセン、チューリップ、ヒヤシンスなどが代表的です。秋植え球根で、植えっ放しでも毎年咲くものも多いです。

タイツリソウの、
珍しい色合いに心惹かれて。

黄金色の美しい葉は、緑の中でひときわ目立ち、ハート型の可愛らしい花をさらに引き立ててくれます。タイツリソウには、葉色の濃いものや淡い緑色のものがあります。そして、花色は写真のような赤、濃桃から淡いピンク、白花もあり、それぞれ個性的な魅力を放ちます。

玄関先の限られたスペースも、華やかに演出。

春に咲く小型の宿根草（4～5月）を、寄せ植え（半地植え）のように集めてみました。鉢植えをそのまま並べると、様子を見ながら配置を自由に変えられます。季節ごとに鉢を入れ替えれば、それぞれ違った組み合わせの「小さな庭」が楽しめます。

太陽に向かって咲く、ユリオプスデージーが花壇の主役。

マーガレットのような、シンプルで力強い花です。明るく華やかで、早春から初夏まで長く咲き続け、丸い蕾も可愛らしいです。銀白色の葉と黄色い花とのコントラストが際立ちます。低木で、年数を経ると1m以上に育ちますが、刈り込んで低くしてもよいですし、挿し芽にするのも容易です。

夏庭を彩るフロックス。
強い日差しを照り返し、
堂々と咲き誇る。

夏花壇の主役ともいえるフロックスは、オイランソウ、クサキョウチクトウとも呼ばれ、花色が多彩です。また、花数も多く、秋まで咲き続けます。後方のフェンネルの黄色い小花、センニンソウ（クレマチス）の白花も爽やかで、フロックスの花を引き立ててくれます。

可憐なのに力強さも感じられる、
ヒメヒマワリ。

宿根ヒマワリとして広く利用され、品種も多いです。草姿のバランスがよく、花もちは抜群で、初夏から秋まで咲き続けます。写真は八重咲き品種の'旭'です。葉が小さく、周囲に植えられた花ともよく調和します。

ミソハギを背景に、
クロコスミアと
カラーの個性的な競演。

立ち姿の美しいカラー'サンライト'、そのまわりで色を添えてくれるクロコスミア。どこかエキゾチックですが、親しみやすい光景です。カラーは花に見える部分が長く残り、黄色から緑色へ変化していきます。大きな葉も存在感があり、品種が多数あるのも魅力です。

contents

花が咲き継ぐ、小さな庭づくり ————————— 2

PART 1 花いっぱいの小さな庭づくり

宿根草、一年草、球根類を使って
小さな庭をつくってみよう ————————— 12

洋風ガーデン-1 色や形の違うものをコラボ ————————— 14

洋風ガーデン-2 草丈が高くボリューム感がある ————————— 15

和風ガーデン 葉を主体にシックな印象 ————————— 16

シェードガーデン 明るい日陰に彩りを添える ————————— 17

コンテナガーデン 玄関先やベランダを輝かせる ————————— 18

PART 2 季節ごとのゾーニング

春夏秋冬、ゾーニングの見方 ————————— 22

春のゾーニング ————————— 24

夏のゾーニング ————————— 26

秋のゾーニング ————————— 28

冬のゾーニング ————————— 30

PART 3 育てやすい草花図鑑

【大型】

宿根サルビア ——34	フジバカマ類	コスモス ——41
シャクヤク ——35	（ユーパトリウム） ——37	ユリ類 ——42
アガパンサス ——35	フロックス ——38	グラジオラス ——43
オミナエシ ——36	ミソハギ ——39	ダリア ——43
ガウラ ——36	モナルダ ——39	
ヒメヒマワリ	シュウメイギク ——40	
（ヘリオプシス） ——37	クレオメ ——40	

【中型】

エキナセア ——44	コレオプシス ——49	ヒナゲシ ——54
タイツリソウ ——45	キキョウ ——50	ナノハナ ——54
ペンステモン ——45	宿根アスター ——50	マリーゴールド ——55
ベロニカ ——46	ビデンス ——51	オルラヤ ——56
アスチルベ ——46	ゼラニウム ——51	オシロイバナ ——56
ジャーマンアイリス ——47	ユリオプスデージー ——52	ブルーサルビア ——57
アヤメ ——47	マーガレット ——52	センニチコウ ——57
ヘメロカリス ——48	ブルースター ——53	ジニア ——58
ルドベキア ——48	カンパニュラ・メディウム ——53	サルビア・スプレンデンス ——58

コリウス ……… 59	ウインター・グラジオラス …… 61	シラン ……… 64
コキア ……… 59	ラナンキュラス ……… 62	シュウカイドウ ……… 64
リコリス類 ……… 60	アリウム類 ……… 62	シダ類 ……… 65
ユーコミス ……… 60	ホトトギス類 ……… 63	ギボウシ（ホスタ） ……… 65
バイモ（貝母） ……… 61	ツワブキ ……… 63	

【小型】

ヘレボラス	ネモフィラ ……… 76	クロコスミア
（クリスマスローズ） …… 66	ハボタン ……… 77	（モントブレチア） …… 86
ベロニカ（小型種） ……… 67	スイートアリッサム ……… 77	キルタンサス・マッケニー …… 87
ヒルザキツキミソウ ……… 67	キンセンカ ……… 78	オキザリス類 ……… 87
ゲラニウム ……… 68	マツバボタン ……… 78	オオアマナ
ユーフォルビア ……… 68	ペチュニア ……… 79	（オーニソガラム） …… 88
ダイアンサス ……… 69	ベゴニア・センパフローレンス	ヒヤシンス ……… 88
シバザクラ ……… 69	……… 79	チューリップ ……… 89
イチゴ類	ビンカ（日々草） ……… 80	クロッカス ……… 89
（ストロベリー） ……… 70	トレニア ……… 80	アネモネ ……… 90
クリサンセマム（菊） ……… 70	インパチェンス ……… 81	ラミウム類 ……… 90
ブルーデージー ……… 71	イソトマ ……… 81	ユキノシタ ……… 91
シロタエギク ……… 71	アゲラタム ……… 82	ヤブラン ……… 91
オステオスペルマム ……… 72	シクラメン・ヘデリフォリウム	フウチソウ ……… 92
ワスレナグサ ……… 73	（原種） ……… 82	ヒューケラ ……… 92
ロベリア ……… 73	ムスカリ ……… 83	ヒマラヤユキノシタ ……… 93
リナリア・マロッカナ	ブルーベル ……… 83	シャガ ……… 93
（姫金魚草） ……… 74	ハナニラ ……… 84	エビネ類 ……… 94
ユーフォルビア	ゼフィランサス ……… 84	プルモナリア ……… 94
（'ダイヤモンドフロスト'等） …… 74	スノードロップ ……… 85	カレックス類 ……… 95
プリムラ類 ……… 75	スイセン ……… 85	アジュガ ……… 95
パンジー、ビオラ ……… 75	コルチカム ……… 86	

PART 4　植えつけと日々の管理

🍃植えつけ　土づくり ———————————— 98

　　　　　　肥料の種類 ———————————— 99

　　　　　　庭植えにする ———————————— 100

　　　　　　鉢植えにする ———————————— 101

🍃管理の仕方　花がら切り　花後剪定 ———————— 102

　　　　　　透かし剪定　支柱立て ———————— 103

🍃殖やし方　株分け　根伏せ ———————————— 104

　　　　　　挿し芽 ———————————————— 105

　　　　　　種子まき　直まき　セルトレイ ———— 106

　　　　　　種子まき　ビニールポット ————— 107

素敵な花々に出合えるガーデン ———————————— 108

index ——————————————————————— 110

※本書の栽培時期等は関東地方以西の平野部を基準にしています。

PART 1
花いっぱいの小さな庭づくり

庭をつくるときには、まずテーマを決めましょう。洋風の庭にしたいのか、和風の庭にしたいのか。あるいは、庭のどこにも日が当たらないなら、いっそシェードガーデンにしようかなど……。もし、マンションなどの土がない環境に住んでいても、諦めるのはまだ早いです。寄せ植えしたコンテナを、ベランダなどにたくさん並べることもできます。この場合は、いつもきれいに保つために、季節ごとに草花を替えていきましょう。

宿根草、一年草、球根類を使って
小さな庭をつくってみよう

素敵な庭をつくってみたいけど、何から手をつければいいのかわからない。
そんな方に、プランの立て方を紹介しましょう。

1　庭をつくる環境をチェックする

日照を調べる

　季節や場所によって、草花への日の当たり方は大きく変化します。夏は上から日が当たり、冬は横から日が当たって、日陰になる部分も異なってきます。花を植えようと思っている場所が、どのような日照なのかを調べることが第一歩です。

　庭に大きな落葉樹がある場合は、晩秋には葉が落ちて、春まで日なたの状態になります。また、庭の周囲に建物が密集している場合は、複雑な日陰ができ、一年を通して日照条件を細かく観察する必要があります。

　草花は日なたが好きなものが多いですが、なかには日陰を好むものもあります。日照条件に合わせて最適なものを選ぶと、丈夫に育って、美しい庭をつくってくれます。

土壌を調べる

　庭の土を少し掘ってみて、どんな状態なのか確認してみましょう。ショベルがなかなか入らない土は水はけが悪く、草花は丈夫に育ちません。その場合は、新しい用土を入れて土壌改良をすることで解決します（p.98）。その際に、もし石などが土に混ざっているときは、すべて取り除きます。

　また、雑草が生えているかどうかも、チェックポイントになります。何も生えていない不毛の土は、草花にも育ちにくい環境といえるでしょう。

草花の好きな環境とは

　草花によって乾燥を好むものや、湿った場所を好むものなど、いろいろな種類があります。

　強い西日の当たる場所や軒下は乾燥しがちで、日陰になる場所は湿った環境になりがちです。

　乾燥しやすいか、湿っているかによっても選ぶ草花は変わってきます。特に庭をつくる際に気をつけたいのは、同じような特性の草花を集めて植えることです。

　せっかく庭をつくっても、不調な草花がまばらに出てくるようでは残念です。すべての草花が丈夫に揃ってこそ、美しい庭が完成します。

鉢植えの場合は

　マンションや土がない場所でも、草花を植えて楽しめます。庭植えと違って、鉢植えなら一度植えても移動させることができるので、日照も環境も選びません。

　さらに、鉢植えの場合は、最初から新しい理想的な用土を使うことができます。

　一年草を主体に、季節ごとの草花を植えて、豪華に楽しみましょう。

※本書のPART 3の図鑑のページ（p.34〜95）では、鉢植えの場合の水やり・肥料やりも紹介しています。

2 つくりたい庭のイメージをふくらます

いろいろな庭をリサーチ

日本各地に有名なガーデンがたくさんあります（p.108～109）。それぞれいろいろなテーマでつくられていて、見どころが盛りだくさんです。宿根草を使ったナチュラルガーデン、草花と野菜を混植したポタジェガーデン、バラをメインにしたローズガーデンなど、たくさんのガーデンを訪れて、好みのガーデンを見つけましょう。

なお、自分の住んでいる地域のガーデンは、環境が似通っているので、自宅の庭に同じものを植えてもよく育つことが多いです。

理想の庭をプランニング

どんな庭をつくりたいのか、箇条書きでもいいので思いつくままにリストアップしてみましょう。

1 宿根草を主体にして、一年中花が咲く、手のかからない庭をつくりたい（1㎡の庭の場合はp.14～17、1坪の庭の場合はp.22～31）。

2 植える場所がないので、鉢植えでおしゃれにアピールしたい（p.18～19）。

3 **1**と**2**をミックスして、玄関先に小さな庭をつくり、土のないポーチには鉢植えをアクセントに置くという二刀流もあります。

美しく植栽するコツ

庭をつくる上で基本になるのは、草丈による配置です。本書のPART3の図鑑のページでは、草丈ごとに草花を114種紹介しています。

大型の草花（p.34～43）を後方にし、次に中型（p.44～65）、前方に小型（p.66～95）を配置すると、奥行きのあるバランスのよい庭がつくれます。間に球根類や一年草を植えてもいいです。

草花を選ぶポイント

本書の図鑑では実際に何年も育てて、それぞれの特性を知り尽くした草花を紹介しています。どの草花も暑さや寒さに強く、丈夫で育てやすいものばかりです。庭づくりの際に草花を選ぶポイントは、次の通りです。

1 配色：1色で統一、同系色でまとめる、反対色（黄色と青色など）を使うなど

2 草姿：こんもりしたもの、草幅のあるもの、草幅のないもの

3 花形：丸い形のもの、とがった形のもの

4 開花期：春夏秋冬

5 株の増え方・広がり方の違い

6 周囲（建造物など）との調和・バランス

7 どのくらいの空間を埋めるか

草花の組み合わせのコツ

草花の中には、和とも洋ともつかないものがあります。あるいは、和花・洋花の組み合わせも案外面白いものです。草姿・花形など、タイプの異なるものを隣りに植えると、単調にならずにリズミカルな印象になります。

葉色も斑入りや銅葉のものをうまく取り入れると、アクセントになります。

一年草で華やぎをプラス

厳しい冬に入ると、宿根草や球根類のほとんどは地上部が枯れて、一気に寂しい庭になってしまいます。そんなとき、一年草をプラスすると、温かみのある庭にすることができます。一年草は宿根草などに比べて、色鮮やかで華やかなものが多いので、ぜひ取り入れてみましょう。

洋風ガーデン（1㎡）-1
色や形の違うものをコラボ

華やかな色合いの草花を、各色ピックアップしています。
手前に低いもの、奥にこんもりしたものを配置。
花の形が違うもの、色が違うものを集めると、
それぞれの個性が引き立ち、魅力が増します。

Point
暖色系や寒色系の
鮮やかな花色の間に
白色の花をはさむと、
おしゃれにまとまる。

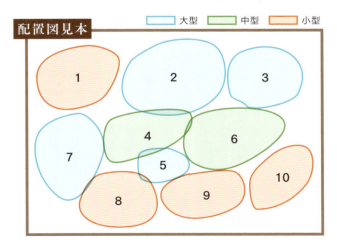

草花のリスト

No.	名前	種類	ページ
1	クロコスミア（モントブレチア）	球根類	86
2	ガウラ	宿根草	36
3	ヒメヒマワリ（ヘリオプシス）	宿根草	37
4	コレオプシス	宿根草	49
5	ダリア　※イラスト内では葉のみ	球根類	43
6	カンパニュラ・メディウム	一年草、二年草	53
7	宿根サルビア	宿根草	34
8	ゲラニウム	宿根草	68
9	ヒルザキツキミソウ	宿根草	67
10	ユーフォルビア	宿根草	68

洋風ガーデン（1㎡）-2
草丈が高くボリューム感がある

日当たりと水はけのよい場所を選びましょう。
欧州のように夏はカラッとした場所が理想的です。
多くの草花は日本の梅雨には弱いので、
花がらをこまめに切り、切り戻しをすることで、よい状態が保てます。

Point

草花は蒸れが
苦手なものが多いので、
夏は特に注意が必要。
できるだけ乾燥に強い
種類を選ぶ。

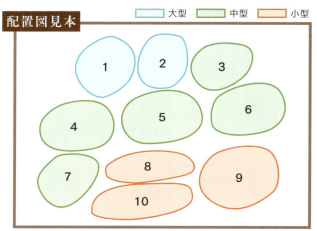

草花のリスト

No.	名前	種類	ページ
1	アガパンサス	宿根草	35
2	フロックス	宿根草	38
3	宿根アスター	宿根草	50
4	エキナセア	宿根草	44
5	ルドベキア	宿根草	48
6	ジャーマンアイリス	宿根草	47
7	ペンステモン	宿根草	45
8	ダイアンサス	宿根草	69
9	オステオスペルマム	木質化する多年草	72
10	シバザクラ ※イラスト内では葉のみ	宿根草	69

和風ガーデン（1㎡）
葉を主体にシックな印象

緑を多く取り入れて「緑の中に花が咲く」というイメージです。
日本古来からある"和"の草花を集めてアレンジ。
洋風なレンガではなく、和風の丸い石で取り囲んでいます。
石の選び方によって、印象は大きく変わります。

Point

古くからある"和"の草花は、
気候風土があっているので、
育てやすいのが魅力。
宿根草ばかりなので、
植え替えずに長く楽しめる。

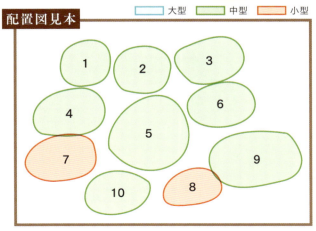

配置図見本　□大型　□中型　□小型

草花のリスト

No.	名前	種類	ページ
1	キキョウ	宿根草	50
2	宿根アスター	宿根草	50
3	アヤメ	宿根草	47
4	シラン	宿根草、半日陰	64
5	アスチルベ	宿根草	46
6	ホトトギス類	宿根草、半日陰	63
7	フウチソウ	宿根草、半日陰	92
8	ダイアンサス	宿根草	69
9	ヘメロカリス	宿根草	48
10	ギボウシ（ホスタ）	宿根草、半日陰	65

シェードガーデン（1㎡）
明るい日陰に彩りを添える

直射日光の当たらない、明るい日陰に植えます。
薄い日が差す所や、樹木が茂って日陰になるような所です。
まったく日が当たらない場所は、草花を育てるには適していません。
建物で日陰になる所でも、一日2～3時間は日が当たる場所を選びます。

Point

真夏のカンカン照りは禁物。
常緑性の草花を中心に、
落葉性の花ものを取り入れると、
メンテナンスが少なく、
安定した植え込みができる。

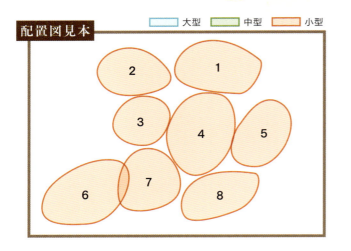

草花のリスト

No.	名前	種類	ページ
1	ヤブラン	宿根草、半日陰	91
2	プルモナリア	宿根草、半日陰	94
3	シクラメン・ヘデリフォリウム（原種）※イラスト内では葉のみ	球根類	82
4	ヘレボラス（クリスマスローズ）	宿根草	66
5	ヒマラヤユキノシタ	宿根草、半日陰	93
6	ヒューケラ	宿根草、半日陰	92
7	ラミウム類	宿根草、半日陰	90
8	アジュガ	宿根草、半日陰	95

PART 1　花いっぱいの小さな庭づくり

コンテナガーデン
玄関先やベランダを輝かせる

草花をコンテナに植えれば、庭がなくても手軽に楽しめます。
宿根草を残しながら、季節ごとに入れ替えていくと、一年中きれいな状態が保てます。
春・夏の成長が盛んな時季や、花が終わったらお礼肥を与えましょう。

春～夏 春は苗の流通が多く、いろいろな草花の種類や色を選ぶことができます。
こんもりタイプ、タテ長タイプ、垂れるタイプなど、
形の異なるものを組み合わせると、バランスがよくなります。

Point
No.1～4の草花は、秋までずっと観賞できる。

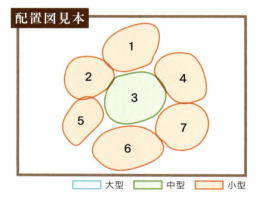

草花のリスト

No.	名前	種類	ページ
1	カレックス類	宿根草、半日陰	95
2	ベゴニア・センパフローレンス	一年草	79
3	ブルースター	木質化する多年草	53
4	ユーフォルビア（'ダイヤモンドフロスト'等）	一年草扱い	74
5	イチゴ類（ストロベリー）	宿根草	70
6	スイートアリッサム	一年草扱い	77
7	ロベリア	一年草扱い	73

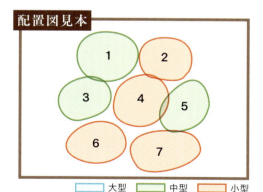

草花のリスト

No.	名前	種類	ページ
1	センニチコウ	一年草	57
2	ビンカ（日々草）	一年草	80
3	コリウス	一年草	59
4	ペチュニア	一年草扱い	79
5	ジニア	一年草	58
6	トレニア	一年草	80
7	イソトマ	一年草	81

Point
一年草ばかりのコンテナでも、観賞期はとても長い。花がら切り、切り戻しが、長く楽しむコツ。

秋

秋の深まりとともに、花色が鮮やかになり、霜が降りるまで楽しめます。球根類はそのまま植えておき、一年草を入れ替えていくと、他のシーズンも利用できます。

Point
一年草、宿根草の間に、球根類をバランスよく配置。秋〜翌年の春まで花を楽しめる。

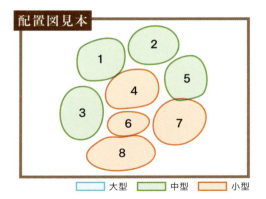

□ 大型　□ 中型　□ 小型

草花のリスト

No.	名前	種類	ページ
1	ウインター・グラジオラス	球根類	61
2	コキア	一年草	59
3	マリーゴールド	一年草	55
4	クリサンセマム（菊）	宿根草	70
5	ビデンス	宿根草	51
6	ゼフィランサス	球根類	84
7	アゲラタム	一年草	82
8	オキザリス類	球根類	87

冬

寒さに強く、冬でも花が咲く種類を選びましょう。晩秋から翌年の春まで長く観賞でき、手入れもラクです。春になるとハボタンの黄色い花が咲いてきます。

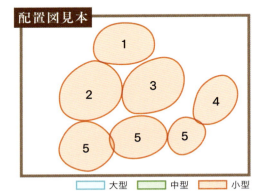

□ 大型　□ 中型　□ 小型

草花のリスト

No.	名前	種類	ページ
1	シロタエギク	木質化する多年草	71
2	プリムラ類	一年草扱い	75
3	ハボタン	一年草扱い	77
4	キンセンカ	一年草	78
5	パンジー、ビオラ	一年草扱い	75

Point
シロタエギク以外は、ほとんどが一年草。冬は色違いの品種が多いので、好みで選んで組み合わせることもできる。

PART 1　花いっぱいの小さな庭づくり

PART 2
季節ごとのゾーニング

一年を通して、季節の花が咲きほこる庭をつくりたい。そんな願いを叶えるには、どの場所にどの花を植えるかがポイントになります。小さな庭づくりは、まず草丈を意識するのがコツです。奥から手前へ「大型・中型・小型」の順に配置していくと、奥行きのある庭になります。春から夏、秋から冬へとのリレーをつなぐために、季節ごとにゾーニングすれば、一年を通して見応えのある素敵な庭になります。

春夏秋冬、ゾーニングの見方

ほんの小さな庭でも、季節の移ろいを感じさせてくれます。
早春には芽が出て、春・夏・秋には花を咲かせ、
冬になると地上部のほとんどが枯れてシードヘッドが風に揺れる……。
それぞれの季節を美しく輝かせるためには、
庭づくりをする前に、ゾーニングから考えることが大切です。

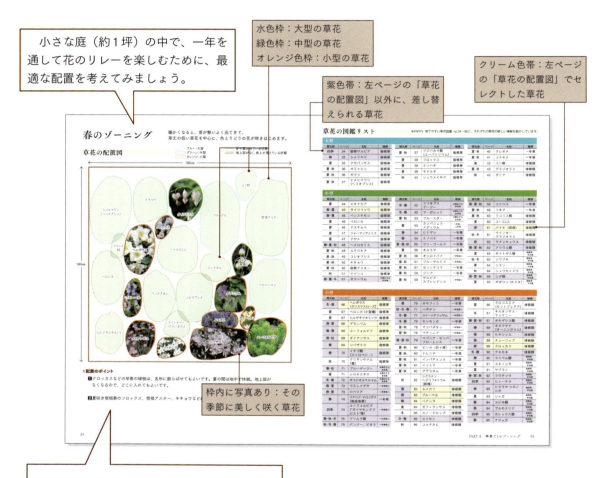

小さな庭（約1坪）の中で、一年を通して花のリレーを楽しむために、最適な配置を考えてみましょう。

水色枠：大型の草花
緑色枠：中型の草花
オレンジ色枠：小型の草花

紫色帯：左ページの「草花の配置図」以外に、差し替えられる草花

クリーム色帯：左ページの「草花の配置図」でセレクトした草花

枠内に写真あり：その季節に美しく咲く草花

≫配置のポイント

1. 1坪くらいの混植花壇の例です。半日くらいは日が当たる場所を選びましょう。
2. 宿根草、球根類をベースに、部分的に一年草を植えてカバーします。一年草は毎年種類を変えてもよいです。
3. 庭の奥から手前へ、大型、中型、小型の順に植えていくと、立体感のある素敵な庭になります。

草花の配置に、難しいルールはありません。草丈だけに少し注意を払えば、あとは好きな草花を選んで配置するだけでも、何とか形になるものです。

失敗を恐れずに、とにかく植えてみてください。最初はひと苗から。次第に思いつくままに、ひと苗ひと苗と増やしていけばよいのです。

草花を配置する前に、知っておきたいこと

草丈

　草丈はあくまで目安です。葉だけのときと、花が咲いたときでは異なることもあります。本書では、観賞期の草丈を紹介しています。主に花を観賞するものは開花時の草丈、観葉のものは葉の丈です。株張りによって、草姿や見た目はかなり変わります。

大型：70～100cm
中型：40～60cm
小型：30cmくらいまで

宿根草

　株が何年も残り、毎年決まったサイクルで生育します。常緑種、落葉種、その中間タイプもあり、成長期、開花期、休眠期は、それぞれ品種によってさまざまです。

　宿根草という言葉は園芸用語なので、曖昧な表現です。「根が宿る」という意味では、地上部が枯れても株が残って、再び成長するということになります。球根類との境界もはっきりしていないようです。

木質化する多年草

　寒さに弱く、耐寒性の強い宿根草とは区別して扱うことが多いです。分類上は「草」ではなく「木」になりますが、草花と同じように利用されます。

　夏に枯れることも多く、一年草扱いのこともあります。

一年草

　毎年種をまいて育てられますが、苗の流通も多いので、ポット苗を育てるのも手軽で確実です。1～2月には、温室栽培の苗が流通します。こぼれ種で毎年育って咲く品種もあります。

球根類

　植えっ放しで宿根草と同じ扱いができる（環境・条件によっては何年も咲く）ものと、毎年新しく植え替えたほうがよい一年草扱いをするものがあります。球根内に養分を蓄えているので、1年目は簡単に花が咲きます。2年目以降は条件次第。球根が太っていれば咲きます。アマリリスやネリネなども同様です。

　アネモネ、ラナンキュラスは、花の咲いているポット苗の流通が多く、他の一年草などの草花と同じような感じです。このような球根はチューリップやスイセンなどと異なり、種子をまいて育てるようなつもりで育てましょう。

半日陰

　明るい日陰で育つ草花を取り上げています。木もれ日や、一日2～3時間は日の当たる場所、反射光のある日陰などです。暗い日陰では育ちません。

宿根草はすべて多年草（多年性草本）に含まれます。植物図鑑では、多年草と表記されることが一般的です。多年草には、球根類、多肉植物、観葉植物なども含まれます。明確に分けられない草花も多く、「宿根草」というのは園芸用語で、かなり曖昧なカテゴリーになります。本書では「宿根草」「一年草」「球根類」「木質化する多年草」という分類にしています。

春のゾーニング

暖かくなると、芽が勢いよく出てきて、草丈の低い草花を中心に、色とりどりの花が咲きはじめます。

草花の配置図

》**配置のポイント**

1 クロッカスなどの早春の球根は、各所に散らばせてもよいです。夏の間は地中で休眠。地上部がなくなるので、どこに入れてもよいです。

2 夏咲き宿根草のフロックス、宿根アスター、キキョウなどは、芽が出て伸びはじめています。

草花の図鑑リスト

※PART3 育てやすい草花図鑑→p.34〜95に、それぞれの草花の詳しい情報を紹介しています。

大型

開花期	ページ	名前	種類	開花期	ページ	名前	種類	開花期	ページ	名前	種類
四季	34	宿根サルビア	宿根草	夏・秋	37	フジバカマ類（ユーパトリウム）	宿根草	夏・秋	40	クレオメ	一年草
春	35	シャクヤク	宿根草	夏	38	フロックス	宿根草	夏・秋	41	コスモス	一年草
夏	35	アガパンサス	宿根草	夏	39	ミソハギ	宿根草	夏	42	ユリ類	球根類
夏・秋	36	オミナエシ	宿根草	夏	39	モナルダ	宿根草	夏・秋	43	グラジオラス	球根類
夏・秋	36	ガウラ	宿根草	秋	40	シュウメイギク	宿根草	秋	43	ダリア	球根類
夏・秋	37	ヒメヒマワリ（ヘリオプシス）	宿根草								

中型

開花期	ページ	名前	種類	開花期	ページ	名前	種類	開花期	ページ	名前	種類
夏	44	エキナセア	宿根草	冬・春	52	ユリオプスデージー	木質化する多年草	春・夏・秋	59	コリウス	一年草
春・夏	45	タイツリソウ	宿根草	冬・春	52	マーガレット	木質化する多年草	夏・秋	59	コキア	一年草
春・夏	45	ペンステモン	宿根草	夏・秋	53	ブルースター	木質化する多年草	夏・秋	60	リコリス類	球根類
夏	46	ベロニカ	宿根草	夏	53	カンパニュラ・メディウム	一年草、二年草	夏	60	ユーコミス	球根類
夏	46	アスチルベ	宿根草	春	54	ヒナゲシ	一年草	春	61	バイモ（貝母）	球根類
夏	47	ジャーマンアイリス	宿根草	春	54	ナノハナ	一年草	秋・冬	61	ウインター・グラジオラス	球根類
夏	47	アヤメ	宿根草	春・夏・秋	55	マリーゴールド	一年草	春	62	ラナンキュラス	球根類
春・夏・秋	48	ヘメロカリス	宿根草	夏	56	オルラヤ	一年草	春・夏・秋	62	アリウム類	球根類
夏・秋	48	ルドベキア	宿根草	夏・秋	56	オシロイバナ	一年草扱い	夏	63	ホトトギス類	宿根草、半日陰
夏・秋	49	コレオプシス	宿根草	夏・秋	57	ブルーサルビア	一年草扱い	秋・冬	63	ツワブキ	宿根草、半日陰
夏・秋	50	キキョウ	宿根草	夏・秋	57	センニチコウ	一年草	夏	64	シラン	宿根草、半日陰
夏・秋	50	宿根アスター	宿根草	夏・秋	58	ジニア	一年草	秋	64	シュウカイドウ	宿根草、半日陰
秋	51	ビデンス	宿根草	夏・秋	58	サルビア・スプレンデンス	一年草扱い	春・夏・秋	65	シダ類	宿根草、半日陰
春・夏・冬	51	ゼラニウム	木質化する多年草					夏	65	ギボウシ（ホスタ）	宿根草、半日陰

小型

開花期	ページ	名前	種類	開花期	ページ	名前	種類	開花期	ページ	名前	種類
冬・春	66	ヘレボラス（クリスマスローズ）	宿根草	春	76	ネモフィラ	一年草	夏	86	クロコスミア（モントブレチア）	球根類
夏	67	ベロニカ（小型種）	宿根草	秋・冬・春	77	ハボタン	一年草扱い	冬	87	キルタンサス・マッケニー	球根類
夏	67	ヒルザキツキミソウ	宿根草	冬・春	77	スイートアリッサム	一年草扱い	春・夏・秋	87	オキザリス類	球根類
春・夏	68	ゲラニウム	宿根草	冬・春	78	キンセンカ	一年草	春	88	オオアマナ（オーニソガラム）	球根類
春・夏	68	ユーフォルビア	宿根草	夏・秋	78	マツバボタン	一年草扱い	春	88	ヒヤシンス	球根類
春・秋	69	ダイアンサス	宿根草	夏・秋	79	ペチュニア	一年草扱い	春	89	チューリップ	球根類
春	69	シバザクラ	宿根草	春・夏・秋	79	ベゴニア・センパフローレンス	一年草	春	89	クロッカス	球根類
春	70	イチゴ類（ストロベリー）	宿根草	夏	80	ビンカ（日々草）	一年草	冬・春	90	アネモネ	球根類
秋	70	クリサンセマム（菊）	宿根草	夏・秋	80	トレニア	一年草	春	90	ラミウム類	宿根草、半日陰
春・秋	71	ブルーデージー	木質化する多年草	夏・秋	81	インパチェンス	一年草	夏	91	ユキノシタ	宿根草、半日陰
夏	71	シロタエギク	木質化する多年草	夏・秋	81	イソトマ	一年草	夏	91	ヤブラン	宿根草、半日陰
冬・春	72	オステオスペルマム	木質化する多年草	夏・秋	82	アゲラタム	一年草	春・夏・秋	92	フウチソウ	宿根草、半日陰
春・夏	73	ワスレナグサ	一年草扱い	秋	82	シクラメン・ヘデリフォリウム（原種）	球根類	四季	92	ヒューケラ	宿根草、半日陰
春・夏	73	ロベリア	一年草扱い	春	83	ムスカリ	球根類	春	93	ヒマラヤユキノシタ	宿根草、半日陰
春	74	リナリア・マロッカナ（姫金魚草）	一年草	春	83	ブルーベル	球根類	夏	93	シャガ	宿根草、半日陰
四季	74	ユーフォルビア（'ダイヤモンドフロスト'等）	一年草扱い	春	84	ハナニラ	球根類	春	94	エビネ類	宿根草、半日陰
春・秋・冬	75	プリムラ類	一年草扱い	夏	84	ゼフィランサス	球根類	春	94	プルモナリア	宿根草、半日陰
秋・冬・春	75	パンジー、ビオラ	一年草扱い	冬	85	スノードロップ	球根類	四季	95	カレックス類	宿根草、半日陰
				冬・春	85	スイセン	球根類	春	95	アジュガ	宿根草、半日陰
				秋	86	コルチカム	球根類				

PART 2　季節ごとのゾーニング

夏のゾーニング

庭の主役は、草丈の高いものに入れ変わります。
花色や草姿のバランスが大切です。

草花の配置図

》**配置のポイント**

❶ 後方に草丈の高いもの、手前は低いものを配置します。

❷ 春咲き球根類は休眠します。

❸ ダイアンサスの夏咲きのものなどは、花がらを順に切ると見栄えがよくなります。

❹ シバザクラ、ユーフォルビア、ダイアンサス、ゲラニウムなどは、花後も葉は茂っています。

草花の図鑑リスト

※PART3 育てやすい草花図鑑→p.34〜95に、それぞれの草花の詳しい情報を紹介しています。

大型

開花期	ページ	名前	種類	開花期	ページ	名前	種類	開花期	ページ	名前	種類
四季	34	宿根サルビア	宿根草	夏・秋	37	フジバカマ類（ユーパトリウム）	宿根草	夏・秋	40	クレオメ	一年草
春	35	シャクヤク	宿根草	夏	38	フロックス	宿根草	夏・秋	41	コスモス	一年草
夏	35	アガパンサス	宿根草	夏	39	ミソハギ	宿根草	夏	42	ユリ類	球根類
夏・秋	36	オミナエシ	宿根草	夏	39	モナルダ	宿根草	夏・秋	43	グラジオラス	球根類
夏・秋	36	ガウラ	宿根草	秋	40	シュウメイギク	宿根草	秋	43	ダリア	球根類
夏・秋	37	ヒメヒマワリ（ヘリオプシス）	宿根草								

中型

開花期	ページ	名前	種類	開花期	ページ	名前	種類	開花期	ページ	名前	種類
夏	44	エキナセア	宿根草	冬・春	52	ユリオプスデージー	木質化する多年草	春・夏・秋	59	コリウス	一年草
春・夏	45	タイツリソウ	宿根草	冬・春	52	マーガレット	木質化する多年草	夏・秋	59	コキア	一年草
春・夏	45	ペンステモン	宿根草	夏・秋	53	ブルースター	木質化する多年草	夏・秋	60	リコリス類	球根類
夏	46	ベロニカ	宿根草	夏	53	カンパニュラ・メディウム	一年草、二年草	夏	60	ユーコミス	球根類
夏	46	アスチルベ	宿根草	春	54	ヒナゲシ	一年草	春	61	バイモ（貝母）	球根類
夏	47	ジャーマンアイリス	宿根草	春	54	ナノハナ	一年草	秋・冬	61	ウインター・グラジオラス	球根類
夏	47	アヤメ	宿根草	春・夏・秋	55	マリーゴールド	一年草	春	62	ラナンキュラス	球根類
春・夏・秋	48	ヘメロカリス	宿根草	夏	56	オルラヤ	一年草	春・夏・秋	62	アリウム類	球根類
夏・秋	48	ルドベキア	宿根草	夏・秋	56	オシロイバナ	一年草扱い	夏	63	ホトトギス類	宿根草、半日陰
夏・秋	49	コレオプシス	宿根草	夏・秋	57	ブルーサルビア	一年草扱い	秋・冬	63	ツワブキ	宿根草、半日陰
夏・秋	50	キキョウ	宿根草	夏・秋	57	センニチコウ	一年草	夏	64	シラン	宿根草、半日陰
夏・秋	50	宿根アスター	宿根草	夏・秋	58	ジニア	一年草	秋	64	シュウカイドウ	宿根草、半日陰
秋	51	ビデンス	宿根草	夏・秋	58	サルビア・スプレンデンス	一年草扱い	春・夏・秋	65	シダ類	宿根草、半日陰
春・夏・冬	51	ゼラニウム	木質化する多年草					夏	65	ギボウシ（ホスタ）	宿根草、半日陰

小型

開花期	ページ	名前	種類	開花期	ページ	名前	種類	開花期	ページ	名前	種類
冬・春	66	ヘレボラス（クリスマスローズ）	宿根草	春	76	ネモフィラ	一年草	夏	86	クロコスミア（モントブレチア）	球根類
夏	67	ベロニカ（小型種）	宿根草	秋・冬・春	77	ハボタン	一年草扱い	冬	87	キルタンサス・マッケニー	球根類
夏	67	ヒルザキツキミソウ	宿根草	冬・春	77	スイートアリッサム	一年草扱い	春・夏・秋	87	オキザリス類	球根類
春・夏	68	ゲラニウム	宿根草	冬・春	78	キンセンカ	一年草	春	88	オオアマナ（オーニソガラム）	球根類
春・夏	68	ユーフォルビア	宿根草	夏・秋	78	マツバボタン	一年草扱い	春	88	ヒヤシンス	球根類
春・秋	69	ダイアンサス	宿根草	夏・秋	79	ペチュニア	一年草扱い	春	89	チューリップ	球根類
春	69	シバザクラ	宿根草	春・夏・秋	79	ベゴニア・センパフローレンス	一年草	春	89	クロッカス	球根類
春	70	イチゴ類（ストロベリー）	宿根草	夏・秋	80	ビンカ（日々草）	一年草	冬・春	90	アネモネ	球根類
秋	70	クリサンセマム（菊）	宿根草	夏・秋	80	トレニア	一年草	春	90	ラミウム類	宿根草、半日陰
春・秋	71	ブルーデージー	木質化する多年草	夏・秋	81	インパチェンス	一年草	夏	91	ユキノシタ	宿根草、半日陰
夏	71	シロタエギク	木質化する多年草	夏・秋	81	イソトマ	一年草	夏	91	ヤブラン	宿根草、半日陰
冬・春	72	オステオスペルマム	木質化する多年草	夏・秋	82	アゲラタム	一年草	春・夏・秋	92	フウチソウ	宿根草、半日陰
春・夏	73	ワスレナグサ	一年草扱い	秋	82	シクラメン・ヘデリフォリウム（原種）	球根類	四季	92	ヒューケラ	宿根草、半日陰
春・夏	73	ロベリア	一年草扱い	春	83	ムスカリ	球根類	春	93	ヒマラヤユキノシタ	宿根草、半日陰
春	74	リナリア・マロッカナ（姫金魚草）	一年草	春	83	ブルーベル	球根類	夏	93	シャガ	宿根草、半日陰
四季	74	ユーフォルビア（'ダイヤモンドフロスト'等）	一年草扱い	春	84	ハナニラ	球根類	春	94	エビネ類	宿根草、半日陰
春・秋・冬	75	プリムラ類	一年草扱い	夏	84	ゼフィランサス	球根類	春	94	プルモナリア	宿根草、半日陰
秋・冬・春	75	パンジー、ビオラ	一年草扱い	冬	85	スノードロップ	球根類	四季	95	カレックス類	宿根草、半日陰
				冬・春	85	スイセン	球根類	春	95	アジュガ	宿根草、半日陰
				秋	86	コルチカム	球根類				

秋のゾーニング

気候が穏やかになると、新芽や新葉も生き生きして、花色の鮮やかさも増してきます。

草花の配置図

》**配置のポイント**

① ヒメヒマワリ（ヘリオプシス）、キキョウの二番花が咲きます。

② フロックスは品種によって、秋にも咲きます。

③ 宿根アスターは種類が多く、数種を組み合わせてもよいです。

④ アガパンサス、ヘメロカリス、ペンステモンなどの葉は茂っています。ハナニラやムスカリは、秋になると葉が出てきます。

草花の図鑑リスト

※PART3 育てやすい草花図鑑→p.34〜95に、それぞれの草花の詳しい情報を紹介しています。

大型

開花期	ページ	名前	種類
四季	34	宿根サルビア	宿根草
春	35	シャクヤク	宿根草
夏	35	アガパンサス	宿根草
夏・秋	36	オミナエシ	宿根草
夏・秋	36	ガウラ	宿根草
夏・秋	37	ヒメヒマワリ（ヘリオプシス）	宿根草

開花期	ページ	名前	種類
夏・秋	37	フジバカマ類（ユーパトリウム）	宿根草
夏	38	フロックス	宿根草
夏	39	ミソハギ	宿根草
夏	39	モナルダ	宿根草
秋	40	シュウメイギク	宿根草

開花期	ページ	名前	種類
夏・秋	40	クレオメ	一年草
夏・秋	41	コスモス	一年草
夏	42	ユリ類	球根類
夏・秋	43	グラジオラス	球根類
秋	43	ダリア	球根類

中型

開花期	ページ	名前	種類
夏	44	エキナセア	宿根草
春・夏	45	タイツリソウ	宿根草
春・夏	45	ペンステモン	宿根草
夏	46	ベロニカ	宿根草
夏	46	アスチルベ	宿根草
夏	47	ジャーマンアイリス	宿根草
夏	47	アヤメ	宿根草
春・夏・秋	48	ヘメロカリス	宿根草
夏・秋	48	ルドベキア	宿根草
夏・秋	49	コレオプシス	宿根草
夏・秋	50	キキョウ	宿根草
夏・秋	50	宿根アスター	宿根草
秋	51	ビデンス	宿根草
春・夏・冬	51	ゼラニウム	木質化する多年草

開花期	ページ	名前	種類
冬・春	52	ユリオプスデージー	木質化する多年草
冬・春	52	マーガレット	木質化する多年草
夏・秋	53	ブルースター	木質化する多年草
夏	53	カンパニュラ・メディウム	一年草、二年草
春	54	ヒナゲシ	一年草
春	54	ナノハナ	一年草
春・夏・秋	55	マリーゴールド	一年草
夏	56	オルラヤ	一年草
夏・秋	56	オシロイバナ	一年草扱い
夏・秋	57	ブルーサルビア	一年草扱い
夏・秋	57	センニチコウ	一年草
夏・秋	58	ジニア	一年草
夏・秋	58	サルビア・スプレンデンス	一年草扱い

開花期	ページ	名前	種類
春・夏・秋	59	コリウス	一年草
夏・秋	59	コキア	一年草
夏・秋	60	リコリス類	球根類
夏	60	ユーコミス	球根類
春	61	バイモ（貝母）	球根類
秋・冬	61	ウインター・グラジオラス	球根類
春	62	ラナンキュラス	球根類
春・夏・秋	62	アリウム類	球根類
夏	63	ホトトギス類	宿根草、半日陰
秋・冬	63	ツワブキ	宿根草、半日陰
夏	64	シラン	宿根草、半日陰
秋	64	シュウカイドウ	宿根草、半日陰
春・夏・秋	65	シダ類	宿根草、半日陰
夏	65	ギボウシ（ホスタ）	宿根草、半日陰

小型

開花期	ページ	名前	種類
冬・春	66	ヘレボラス（クリスマスローズ）	宿根草
夏	67	ベロニカ（小型種）	宿根草
夏	67	ヒルザキツキミソウ	宿根草
春・夏	68	ゲラニウム	宿根草
春・夏	68	ユーフォルビア	宿根草
春・秋	69	ダイアンサス	宿根草
春	69	シバザクラ	宿根草
春	70	イチゴ類（ストロベリー）	宿根草
秋	70	クリサンセマム（菊）	宿根草
春・秋	71	ブルーデージー	木質化する多年草
夏	71	シロタエギク	木質化する多年草
冬・春	72	オステオスペルマム	木質化する多年草
春・夏	73	ワスレナグサ	一年草扱い
春・夏	73	ロベリア	一年草扱い
春	74	リナリア・マロッカナ（姫金魚草）	一年草
四季	74	ユーフォルビア（'ダイヤモンドフロスト'等）	一年草扱い
春・秋・冬	75	プリムラ類	一年草扱い
秋・冬・春	75	パンジー、ビオラ	一年草扱い

開花期	ページ	名前	種類
春	76	ネモフィラ	一年草
秋・冬・春	77	ハボタン	一年草扱い
冬・春	77	スイートアリッサム	一年草扱い
冬・春	78	キンセンカ	一年草
夏・秋	78	マツバボタン	一年草扱い
夏・秋	79	ペチュニア	一年草扱い
春・夏・秋	79	ベゴニア・センパフローレンス	一年草
夏・秋	80	ビンカ（日々草）	一年草
夏・秋	80	トレニア	一年草
夏・秋	81	インパチェンス	一年草
夏・秋	81	イソトマ	一年草
夏・秋	82	アゲラタム	一年草
秋	82	シクラメン・ヘデリフォリウム（原種）	球根類
春	83	ムスカリ	球根類
春	83	ブルーベル	球根類
春	84	ハナニラ	球根類
夏	84	ゼフィランサス	球根類
冬	85	スノードロップ	球根類
冬・春	85	スイセン	球根類
秋	86	コルチカム	球根類

開花期	ページ	名前	種類
夏	86	クロコスミア（モントブレチア）	球根類
冬	87	キルタンサス・マッケニー	球根類
春・夏・秋	87	オキザリス類	球根類
春	88	オオアマナ（オーニソガラム）	球根類
春	88	ヒヤシンス	球根類
春	89	チューリップ	球根類
春	89	クロッカス	球根類
冬・春	90	アネモネ	球根類
春	90	ラミウム類	宿根草、半日陰
夏	91	ユキノシタ	宿根草、半日陰
夏	91	ヤブラン	宿根草、半日陰
春・夏・秋	92	フウチソウ	宿根草、半日陰
四季	92	ヒューケラ	宿根草、半日陰
春	93	ヒマラヤユキノシタ	宿根草、半日陰
夏	93	シャガ	宿根草、半日陰
春	94	エビネ類	宿根草、半日陰
春	94	プルモナリア	宿根草、半日陰
四季	95	カレックス類	宿根草、半日陰
春	95	アジュガ	宿根草、半日陰

冬のゾーニング

地上部がほとんど枯れてしまいます。
茎や葉を刈り込んで、翌年の準備をしましょう。

草花の配置図

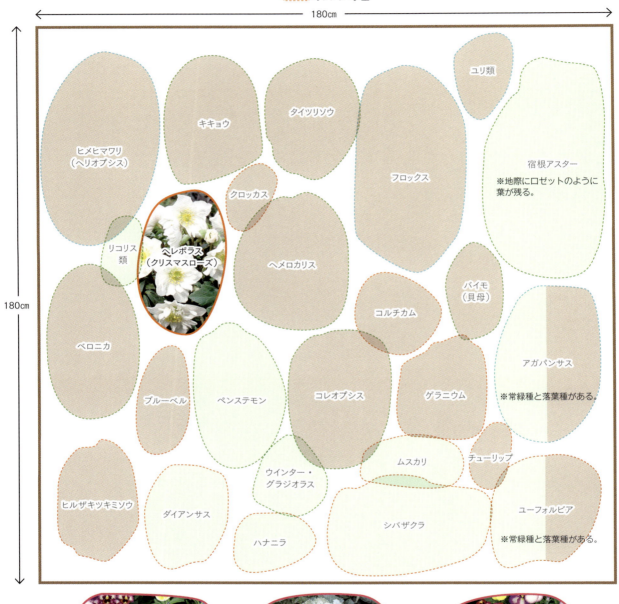

》配置のポイント

冬期は葉もほとんどなくなるので、パンジーやビオラ、ハボタンなどを植えておくのもよいです。

草花の図鑑リスト

※PART3 育てやすい草花図鑑→p.34〜95に、それぞれの草花の詳しい情報を紹介しています。

大型

開花期	ページ	名前	種類	開花期	ページ	名前	種類	開花期	ページ	名前	種類
四季	34	宿根サルビア	宿根草	夏・秋	37	フジバカマ類（ユーパトリウム）	宿根草	夏・秋	40	クレオメ	一年草
春	35	シャクヤク	宿根草	夏	38	フロックス	宿根草	夏・秋	41	コスモス	一年草
夏	35	アガパンサス	宿根草	夏	39	ミソハギ	宿根草	夏	42	ユリ類	球根類
夏・秋	36	オミナエシ	宿根草	夏	39	モナルダ	宿根草	夏・秋	43	グラジオラス	球根類
夏・秋	36	ガウラ	宿根草	秋	40	シュウメイギク	宿根草	秋	43	ダリア	球根類
夏・秋	37	ヒメヒマワリ（ヘリオプシス）	宿根草								

中型

開花期	ページ	名前	種類	開花期	ページ	名前	種類	開花期	ページ	名前	種類
夏	44	エキナセア	宿根草	冬・春	52	ユリオプスデージー	木質化する多年草	春・夏・秋	59	コリウス	一年草
春・夏	45	タイツリソウ	宿根草	冬・春	52	マーガレット	木質化する多年草	夏・秋	59	コキア	一年草
春・夏	45	ペンステモン	宿根草	夏・秋	53	ブルースター	木質化する多年草	夏・秋	60	リコリス類	球根類
夏	46	ベロニカ	宿根草	夏	53	カンパニュラ・メディウム	一年草、二年草	夏	60	ユーコミス	球根類
夏	46	アスチルベ	宿根草	春	54	ヒナゲシ	一年草	春	61	バイモ（貝母）	球根類
夏	47	ジャーマンアイリス	宿根草	春	54	ナノハナ	一年草	秋・冬	61	ウインター・グラジオラス	球根類
夏	47	アヤメ	宿根草	春・夏・秋	55	マリーゴールド	一年草	春	62	ラナンキュラス	球根類
春・夏・秋	48	ヘメロカリス	宿根草	夏	56	オルラヤ	一年草	春・夏・秋	62	アリウム類	球根類
夏・秋	48	ルドベキア	宿根草	夏・秋	56	オシロイバナ	一年草扱い	夏	63	ホトトギス類	宿根草、半日陰
夏・秋	49	コレオプシス	宿根草	夏・秋	57	ブルーサルビア	一年草扱い	秋・冬	63	ツワブキ	宿根草、半日陰
夏・秋	50	キキョウ	宿根草	夏・秋	57	センニチコウ	一年草	夏	64	シラン	宿根草、半日陰
夏・秋	50	宿根アスター	宿根草	夏・秋	58	ジニア	一年草	秋	64	シュウカイドウ	宿根草、半日陰
秋	51	ビデンス	宿根草	夏・秋	58	サルビア・スプレンデンス	一年草扱い	春・夏・秋	65	シダ類	宿根草、半日陰
春・夏・冬	51	ゼラニウム	木質化する多年草					夏	65	ギボウシ（ホスタ）	宿根草、半日陰

小型

開花期	ページ	名前	種類	開花期	ページ	名前	種類	開花期	ページ	名前	種類
冬・春	66	ヘレボラス（クリスマスローズ）	宿根草	春	76	ネモフィラ	一年草	夏	86	クロコスミア（モントブレチア）	球根類
夏	67	ベロニカ（小型種）	宿根草	秋・冬・春	77	ハボタン	一年草扱い	冬	87	キルタンサス・マッケニー	球根類
夏	67	ヒルザキツキミソウ	宿根草	冬・春	77	スイートアリッサム	一年草扱い	春・夏・秋	87	オキザリス類	球根類
春・夏	68	ゲラニウム	宿根草	冬・春	78	キンセンカ	一年草	春	88	オオアマナ（オーニソガラム）	球根類
春・夏	68	ユーフォルビア	宿根草	夏・秋	78	マツバボタン	一年草扱い	春	88	ヒヤシンス	球根類
春・秋	69	ダイアンサス	宿根草	夏・秋	79	ペチュニア	一年草扱い	春	89	チューリップ	球根類
春	69	シバザクラ	宿根草	春・夏・秋	79	ベゴニア・センパフローレンス	一年草	春	89	クロッカス	球根類
春	70	イチゴ類（ストロベリー）	宿根草	夏・秋	80	ビンカ（日々草）	一年草	冬・春	90	アネモネ	球根類
秋	70	クリサンセマム（菊）	宿根草	夏・秋	80	トレニア	一年草	春	90	ラミウム類	宿根草、半日陰
春・秋	71	ブルーデージー	木質化する多年草	夏・秋	81	インパチェンス	一年草	夏	91	ユキノシタ	宿根草、半日陰
夏	71	シロタエギク	木質化する多年草	夏・秋	81	イソトマ	一年草	夏	91	ヤブラン	宿根草、半日陰
冬・春	72	オステオスペルマム	木質化する多年草	夏・秋	82	アゲラタム	一年草	春・夏・秋	92	フウチソウ	宿根草、半日陰
春・夏	73	ワスレナグサ	一年草扱い	秋	82	シクラメン・ヘデリフォリウム（原種）	球根類	四季	92	ヒューケラ	宿根草、半日陰
春・夏	73	ロベリア	一年草扱い	春	83	ムスカリ	球根類	春	93	ヒマラヤユキノシタ	宿根草、半日陰
春	74	リナリア・マロッカナ（姫金魚草）	一年草	春	83	ブルーベル	球根類	夏	93	シャガ	宿根草、半日陰
四季	74	ユーフォルビア（'ダイヤモンドフロスト'等）	一年草扱い	春	84	ハナニラ	球根類	春	94	エビネ類	宿根草、半日陰
春・秋・冬	75	プリムラ類	一年草扱い	夏	84	ゼフィランサス	球根類	春	94	プルモナリア	宿根草、半日陰
秋・冬・春	75	パンジー、ビオラ	一年草扱い	冬	85	スノードロップ	球根類	四季	95	カレックス類	宿根草、半日陰
				冬・春	85	スイセン	球根類	春	95	アジュガ	宿根草、半日陰
				秋	86	コルチカム	球根類				

PART 2　季節ごとのゾーニング

PART 3
育てやすい草花図鑑

小さな庭をつくるときに、草花をどのように選びますか。美しいから、可愛いから、色や形が好きだから、香りがいいから……。理由はいろいろありますが、やはり丈夫で育てやすい品種が一番です。せっかく庭にお迎えしても、すぐに弱ったり、花つきが悪かったりすると大変です。これから紹介する草花は、昔から馴染み深い品種が多く、長年実際に育ててみて、初心者の方にもおすすめできるものばかりです。

大型

草丈が70〜100cmの草花で、庭の後方に配置します。
小さい庭では大型の登場は少なめで、宿根草を主体に球根類も紹介します。

'カラドンナ'

宿根サルビア

| 宿根草 | 草丈〈大型〉20〜200cm |

セージの仲間で900品種くらいあり、ハーブも多い。
花色や開花期、草姿、香りもさまざま。
場所や用途に応じて幅広く利用できる。
サルビア類だけを集めても、
カラフルでにぎやかな花壇がつくれる。

科名／属名：シソ科／サルビア属
別名：セージ類
開花期：春咲き、夏咲き、秋咲き、四季咲き
花色：赤、桃、黄、青、紫、黒、橙、白、複色

≫育て方・管理

- **入　　手**：通年（冬を除く）／ポット苗。
- **環　　境**：日当たりと水はけのよい所。耐寒性の強い品種から弱い品種まである。
- **植えつけ**：4〜10月。
- **水 や り**：庭植えはしっかり根が張れば、ほとんど不要。鉢植えは表土が乾いたらたっぷり。
- **肥　　料**：庭植えはほとんど不要。鉢植えは春と秋に緩効性肥料を1回ずつ与える。
- **手 入 れ**：花後は枝を切り取る。秋咲き種は6〜7月に摘芯や切り戻しを行うと、草丈を低く咲かせることができる。
- **殖やし方**：主に挿し木（5〜9月頃まで）。地下茎が伸びるものは株分け（5〜6月）もできる。種子で殖やせるものもある。
- **夏 対 策**：ほとんど不要。欧州産の品種は蒸れに注意。東アジア産の品種は日陰で育てる。
- **冬 対 策**：半耐寒性の品種が多く、寒地では防寒が必要。
- **生　　育**：成長の早いものが多く、切り戻しや枝透かしで形を整えるとよい。

シャクヤク

| 宿根草 | 草丈〈大型〉40〜80cm |

豪華な花でボリュームがあり、存在感は抜群。
ボタンと並んで、「高貴な美」のたとえとしてよく使われる。
洋シャク、和シャクなど品種が多い。

≫ 育て方・管理

- 入　　手：10〜5月／ポット苗。通信販売では10月頃に地掘り苗の流通が多い。
- 環　　境：日当たりと水はけのよい所。
- 植えつけ：9〜10月。※ポット苗は春も植えつけ可。
- 水 や り：庭植えはほとんど不要。鉢植えは表土が乾いたらたっぷり。
- 肥　　料：庭植え・鉢植えともに、早春、開花後、秋、それぞれの時期に緩効性肥料を与える。
- 手 入 れ：花がら切り。
- 殖やし方：株分け（9月）、3〜5芽に分ける。
- 夏 対 策：不要。
- 冬 対 策：不要。
- 生　　育：太い根が長く伸びる。数年は植えっ放しがよい。株づくりが大切。

> 科名／属名：ボタン科／ボタン属
> 別名：エビスグサ、ピオニー
> 開花期：5〜6月　花色：赤、桃、白、黄、複色

アガパンサス

| 宿根草 | 草丈〈大型〉30〜100cm |

すらりとした立ち姿と、さわやかな花色がもち味。
厚みのあるしなやかな葉が密に茂り、
どっしりとした安定感がある。乾燥にも強い。

≫ 育て方・管理

- 入　　手：通年／ポット苗。5〜6月の流通が多い。
- 環　　境：日当たりと水はけのよい所。
- 植えつけ：3〜4月、9〜10月。
- 水 や り：庭植えはほとんど不要。鉢植えは表土が乾いたらたっぷり。※乾燥にはかなり強いので、しばらく乾かしても枯れることはない。
- 肥　　料：庭植えはほとんど不要。鉢植えは4〜6月に緩効性肥料を1〜2回与える。液体肥料を数回与えてもよい。
- 手 入 れ：花後、花茎を切り取る。
- 殖やし方：株分け（3〜4月か10月）、ハサミを使って3〜5芽に分ける。株分けで折れた芽で挿し芽もできる。種子まき（9〜10月）、ポット育苗でも殖やせる。
- 夏 対 策：不要。
- 冬 対 策：品種によって強〜弱までいろいろ。対策も異なる。
- 生　　育：常緑性と落葉性があり、中間型の品種もある。

'ブルートベール'

> 科名／属名：アガパンサス科／ムラサキクンシラン属（アガパンサス属）
> 和名：ムラサキクンシラン（紫君子蘭）
> 開花期：6〜7月がほとんどで、5月下旬〜8月上旬。秋に咲く二番花咲き品種もある
> 花色：青紫（濃淡各種）、白、複色

PART 3　育てやすい草花図鑑

オミナエシ

| 宿根草 | 草丈〈大型〉30〜100cm |

秋の七草のひとつ。野山の自然な風景が再現できる。
細かい花は、引き立て役として、
他の大きな花と組み合わせるのもよい。

≫ 育て方・管理

- 入　　　手：4〜9月／ポット苗。
  　　　　　　通年／種子。
- 環　　　境：日当たり、水はけのよい所（多湿に弱い）。
- 種子まき：4〜5月頃（翌年に開花）。発芽適温20℃くらい。直まき、またはポットにまいて育てる。
- 水 や り：庭植えはよほど乾燥しない限り不要。鉢植えは表土が乾いたらたっぷり。
- 肥　　　料：庭植えは不要。鉢植えは3〜8月に緩効性肥料を2〜3回与える。
- 手 入 れ：不要。花後もドライフラワーとして観賞可。
- 殖やし方：株分け（植え替え時）。1芽ずつでもよいが、3〜5芽で分けるとよい。種子でも殖やせる。
- 夏 対 策：不要。
- 冬 対 策：不要。
- 生　　　育：やせ地でもよく育つ（多肥多湿に弱い）。

科名／属名：スイカズラ科／オミナエシ属
和名：オミナエシ（女郎花）
開花期：8〜10月　花色：黄

ガウラ

| 宿根草 | 草丈〈大型〉100cm |

和名は白蝶草で、やさしくふんわりした印象。
花壇の後方で背景として利用したり、
他の草花の引き立て役としても重宝する。

≫ 育て方・管理

- 入　　　手：4〜7月／ポット苗。秋にも流通する。
- 環　　　境：日当たりと水はけのよい所。
- 植えつけ：4〜6月。
- 水 や り：庭植えはほとんど不要。鉢植えは表土が乾いたらたっぷり。
- 肥　　　料：庭植えは不要。鉢植えは4〜6月、9〜10月に緩効性肥料を1回ずつ与える。
- 手 入 れ：30cmくらいから咲きはじめ、咲きながら伸びて100cmくらいになる。伸びすぎると倒れやすくなるので、摘芯や切り戻しをして仕立て直すとよい。
- 殖やし方：主に挿し芽（4月下旬〜7月）。在来の白花種はこぼれ種子で殖える。
- 夏 対 策：不要。
- 冬 対 策：品種により弱いものもある。株元にマルチング（落ち葉やバークチップ）をする。
- 生　　　育：成長が早い。小型〜中型の品種もある。

科名／属名：アカバナ科／ヤマモモソウ属（ガウラ属）
和名：ハクチョウソウ（白蝶草）、ヤマモモソウ（山桃草）
開花期：6〜11月　花色：桃、白、赤、複色

草丈＊大型

ヒメヒマワリ（ヘリオプシス）

| 宿根草 | 草丈〈大型〉100cm |

ヒマワリを小型にしたような花で、
夏の暑さにも負けずに元気に咲き続ける。
花数が多く、しかも1輪の花もちもよいので、
観賞期間は長い。

≫ 育て方・管理

入　　手：4〜10月／ポット苗。
環　　境：日当たりから明るい半日陰、水はけのよい所。
植えつけ：3〜4月、10〜11月。
水 や り：庭植えはほとんど不要。鉢植えは表土が乾いたらたっぷり。
肥　　料：庭植えはほとんど不要。鉢植えは3〜4月、10〜11月に緩効性肥料をそれぞれ1回ずつ与える。
手 入 れ：花がら切り。
殖やし方：株分け（3〜4月、10〜11月）、3〜5芽に分ける（1本でも可）。挿し芽（6〜7月）。※在来の一重の品種は、こぼれ種子でも殖える。八重の品種は株分けで殖やす。
夏 対 策：不要。
冬 対 策：不要。
生　　育：枝分かれして次々に花を咲かせる。切り戻しで仕立て直してもよい。

'ブリーディング　ハーツ'

科名／属名：キク科／キクイモモドキ属（ヘリオプシス属）
和名：キクイモモドキ
開花期：6〜10月　花色：黄（濃淡あり）、橙色

フジバカマ類（ユーパトリウム）

| 宿根草 | 草丈〈大型〉40〜100cm |

フジバカマの仲間で、派手な花ではないが、
野性味が感じられ、羽衣フジバカマなど品種は多い。
別属の青花フジバカマはアゲラタムに似たさわやかな花。

≫ 育て方・管理

入　　手：4〜10月／ポット苗。
環　　境：日当たりがよく、あまり乾燥しない所。株元をグラウンドカバープランツでおおうのもよい。
植えつけ：4〜10月。
水 や り：庭植えはほとんど不要。鉢植えは表土が乾いたらたっぷり。
肥　　料：庭植えはほとんど不要。鉢植えは4〜10月に緩効性肥料を2〜3回与える。
手 入 れ：晩秋に刈り込む。
殖やし方：株分け（春か秋）、3〜5芽のかたまりで分けるが、いろいろな大きさでも分けられる（1芽でも可）。挿し芽（5〜6月）。
夏 対 策：鉢植えは半日陰にし、乾燥させないよう注意。
冬 対 策：不要。
生　　育：やせ地でもよく育つ。

ユーパトリウム・セレスチナム（青花フジバカマ）

科名／属名：キク科／ヒヨドリバナ属
和名：フジバカマ（藤袴）
別名：アララギ、香草、蘭草
開花期：8〜10月　花色：桃、白

PART 3　育てやすい草花図鑑　37

フロックス

| 宿根草 | 草丈〈大型〉60〜100cm |

色とりどりで、ボリューム感があり、
夏花壇の主役にもなる。
盆花とも呼ばれ、7〜8月が開花盛期だが、
品種によっては秋まで咲き続ける。

> 科名／属名：ハナシノブ科／クサキョウチクトウ属（フロックス属）
> 和名：クサキョウチクトウ、オイランソウ
> 開花期：7〜9月　花色：赤、桃、紫、白

≫ 育て方・管理

入　　手：4〜10月／ポット苗。
環　　境：日なたから半日陰の所。
植えつけ：3〜11月。
水 や り：庭植えは夏に乾燥が続いたらたっぷり。鉢植えは表土が乾いたらたっぷり。
肥　　料：庭植えは不要。鉢植えは3〜6月に緩効性化成肥料を2〜3回与える。
手 入 れ：花後、花穂を切り取る。側枝が伸びて再び開花する。
殖やし方：株分け（3〜4月）、3〜5芽で分ける。挿し芽（5〜9月）で殖やす。
夏 対 策：不要。
冬 対 策：不要。
生　　育：品種によって、うどんこ病が出やすい。

'ブライトアイズ'

パニキュラータの一種で、古くから親しまれているとても丈夫な品種。

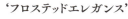

'フロステッドエレガンス'

緑色の中に混色すると、斑入り葉がよく目立つ。パニキュラータの一種。

フロックス・ディバリカータ

草丈が低い30cm以下の品種で、庭の前面を彩る。春咲きで、白花もある。

ミソハギ

| 宿根草 | 草丈〈大型〉60～100cm |

禊萩からミソハギになったといわれ、盆花として古くから利用される。水辺から普通の土壌まで幅広く適応する、水陸両用の植物。鉢植えは受け皿に水をためておくとよい。

≫ 育て方・管理

- 入　　手：4～10月／ポット苗。6～10月に多く流通。
- 環　　境：日当たりがよく、浅い水中や陸上の所。
- 植えつけ：4～10月。
- 水 や り：庭植えは表土が乾いたらたっぷり。鉢植えは腰水か、池や水槽に沈める。
- 肥　　料：庭植えはほとんど不要。鉢植えは春～初夏に緩効性肥料を月1回ずつ与える。ポットで育苗中は液肥を与える。
- 手 入 れ：花後、花穂を切り取る。
- 殖やし方：株分け（植え替え時）、地下茎を切り分ける。挿し木（5～9月）。コップに水を入れて挿しても発根する。
- 夏 対 策：不要。
- 冬 対 策：不要。
- 生　　育：植えっ放しでよい。

科名／属名：ミソハギ科／ミソハギ属
和名：ミソハギ（禊萩）※エゾミソハギも同様に利用
開花期：7～9月　花色：桃、白

草丈＊大型

モナルダ

| 宿根草 | 草丈〈大型〉100cm |

燃えるような真紅の花は、タイマツのようで力強い。他にも白や桃など各色があり、ピンクの苞（ほう）が美しいプンクタータは黄花。フルーティーな香りがあり、ハーブとしても利用できる。

科名／属名：シソ科／ヤグルマハッカ属（モナルダ属）
和名：タイマツバナ（松明花）、ヤグルマハッカ（矢車薄荷）
別名：ベルガモット・ビーバーム、ホースミント
開花期：6～9月。7～8月が最盛期。品種により早晩あり
花色：赤、桃、藤、白、黄、紫

≫ 育て方・管理

- 入　　手：春と秋／ポット苗。通年／種子（ミックスの種）。流通は少ない。
- 環　　境：日当たりと水はけのよい所。
- 植えつけ：3～4月、9～11月。
- 種子まき：3～4月、9～11月。発芽適温20℃くらい。ポットにまいて育てる。
- 水 や り：庭植えはほとんど不要。鉢植えは表土が乾いたらたっぷり。
- 肥　　料：庭植えは不要。鉢植えは3～6月に緩効性化成肥料を2～3回与える。
- 手 入 れ：花後もドライフラワーでしばらく観賞可。
- 殖やし方：株分け（3～4月、9～11月）、地下茎を数本ずつに分ける。挿し芽（5～9月）、種子まき（3～4月）で殖やす。
- 夏 対 策：不要。
- 冬 対 策：不要。
- 生　　育：地下茎を伸ばして広がる。必要な芽を残し、他は抜き取る。

PART 3　育てやすい草花図鑑

シュウメイギク

| 宿根草 | 草丈〈大型〉40〜100cm |

秋の到来を感じさせる風情豊かな花。京都の貴船にあるキブネギクが本来のシュウメイギクだが、いろいろな種類の総称としてこの名前が使われる。種子の綿毛も面白い。

科名／属名：キンポウゲ科／イチリンソウ属（アネモネ属）
和名：シュウメイギク（秋明菊）
開花期：9〜10月が最盛期、8月中旬〜11月
※品種により早晩あり。花色：桃、白

≫育て方・管理

入　　手：通年／ポット苗。8〜10月は開花したポット苗が流通。
環　　境：株元は日陰で、葉に日が当たる所。
植えつけ：3〜5月、9〜10月。
水 や り：庭植えはしっかり根が張れば、ほとんど不要。鉢植えは表土が乾いたらたっぷり。
肥　　料：3〜5月、10〜11月に緩効性肥料を1回ずつ与える。ポットで育苗中は液肥を与える。
手 入 れ：高性種は支柱を立てるとよい。
殖やし方：株分け（開花後または春、11月頃と3〜4月頃）。茎葉を切り取り、つながっている太い根を切り分ける。根が大切なので、地上部はほとんどなくてもよい。根伏せも可。
夏 対 策：半日陰がよい。地温の上がらない所。
冬 対 策：不要。
生　　育：周囲に広げて殖える。必要な芽を残し、他は抜き取る。

クレオメ

| 一年草 | 草丈〈大型〉30〜約100cm |
※100cm以上になることもある

長い雄しべが目立ち、種子のさやも風に揺れる。蝶が飛びかっているようで、花壇の後方に使いやすく、手前の低い草花ともよく調和する。

科名／属名：フウチョウソウ科／セイヨウフウチョウソウ属（クレオメ属）
和名：セイヨウフウチョウソウ（西洋風蝶草）
開花期：8〜10月　花色：赤紫、桃、白

≫育て方・管理

入　　手：4〜10月／ポット苗。通年／種子。
植えつけ：4月下旬〜9月頃。
環　　境：日当たりのよい所。
種子まき：4〜6月。発芽適温20℃くらい。直まき、またはポットにまいて育てる。
水 や り：庭植えは不要。鉢植えは表土が乾いたらたっぷり。
肥　　料：庭植えは不要。鉢植えは4月下旬〜9月中旬に月1回の化成肥料か、2週間に1回の液体肥料を与える。
手 入 れ：ほとんど不要。荒地でも育ち、放任でよい。花茎のつけ根から切り戻すと、側枝が伸びて咲く。種子を採取する場合は花を残す。
殖やし方：種子まき（4月中旬〜5月）で殖やす。
夏 対 策：不要。
冬 対 策：冬は枯れるので対策不要。
生　　育：移植を嫌う（根を切らないようにする）。

草丈＊大型

コスモス

| 一年草 | 草丈〈大型〉30〜150cm　※品種によってさまざま

秋の花壇に欠かせない風情豊かな花。
草丈の低い品種や早咲きもあるので使い分ける。
キバナコスモスと組み合わせてもよく、
いろいろな風景ができる。

チョコレートコスモス

高温多湿と冬の寒さに注意すれば、宿根となる。チョコレートの香りがある。

'赤とんぼ あられ'

新しい品種。コスモスとは思えない、ユニークな花形と色合いが魅力。

科名／属名：キク科／コスモス属
和名：アキザクラ（秋桜）
開花期：6〜11月　花色：赤、桃、白、黄、橙、複色

》育て方・管理

入　　手：4〜9月／ポット苗。
　　　　　通年／種子。
植えつけ：4〜9月。
環　　境：日当たりと風通しと水はけのよい所。
種子まき：4〜9月。発芽適温15〜20℃くらい。直まき、またはポットにまいて育てる。
水 や り：庭植えはしっかり根が張れば、ほとんど不要。鉢植えは表土が乾いたらたっぷり。
肥　　料：庭植えは不要。鉢植えは4月〜10月中旬に緩効性肥料や液体肥料を月1回ずつ与える。
手 入 れ：5〜8月に摘芯を繰り返し、草丈を低くする。6〜11月頃に晩生の高性種には支柱を立てる。※早生や草丈の低い品種は支柱不要。
殖やし方：種子まき（4〜9月）で殖やす。
夏 対 策：不要。
冬 対 策：冬は枯れるので対策不要。
生　　育：こぼれ種子で毎年出てくることが多い（品種により差が大きい）。高性種〜矮性種、早咲き〜遅咲きまで、いろいろあるので使い分けるとよい。
　　　　　花がらを切ると次々と長く花が咲き続ける。種子が実ると花が咲きにくくなっていく。

PART 3　育てやすい草花図鑑　41

テッポウユリ

ユリ類

| 球根類 | 草丈〈大型〉50〜150cm |

「歩く姿はユリの花」ともいわれるほどで、立ち姿が美しく豪華な花。1輪でも存在感がある。香りのある品種も多い。

科名／属名：ユリ科／ユリ属
和名：ヤマユリ、ササユリ、テッポウユリ、カノコユリ、スカシユリ、オニユリ、他多数
開花期：6〜8月（5月下旬〜7月）
花色：赤、桃、橙、黄、白、複色

≫ 育て方・管理

入　　手：10〜3月／球根。主に球根で入手する。
　　　　　3〜4月／ポット苗。5〜6月には鉢物が流通。
植えつけ：10〜11月。春も可。
環　　境：日当たりと水はけのよい所。
水 や り：庭植えは雨に任せる。鉢植えは表土が乾いたらたっぷり。過湿に注意。
肥　　料：3月下旬〜11月に与える。庭植えは春に緩効性肥料を月1回与える。鉢植えは緩効性肥料を月1回与える。
手 入 れ：花がら切り。高性種には支柱を立てる。
殖やし方：殖えにくいものが多い。毎年1本の茎が伸びて咲くものがほとんど。オニユリの場合は葉腋にできるムカゴという小さな球根（9〜10月）で殖やす。
夏 対 策：地温が上がらないよう株元は日陰にしておくとよい。グラウンドカバープランツを利用してもよい。
冬 対 策：地中の球根で冬越しするので対策不要。
生　　育：草丈の高いものは支柱を立てる。上根（球根より上の茎から出る根）をしっかり張らせるのがポイント。

ローズリリーシリーズ
オリエンタルハイブリッドの八重咲き品種。密集して咲き、ボリューム感がある。

黄花オニユリ
オニユリの黄花種。普通のオニユリより繊細な性質をもつ。ムカゴで増える。

ヤマユリ
山野に自生。日本のユリの代表格。香りが強く、遠くにいても存在に気づく。

グラジオラス

| 球根類 | 草丈〈大型〉60〜150cm |

すらりと伸びた力強い立ち姿で、夏の暑さも忘れるほど。春植え球根の代表種で、色とりどり。小型の小輪系も利用しやすい。植え場所によっては毎年咲く。

科名／属名：アヤメ科／トウショウブ属（グラジオラス属）
和名：トウショウブ（唐菖蒲）
別名：オランダアヤメ、オランダショウブ
開花期：6〜10月
花色：赤、桃、黄、橙、白、青、紫、緑、複色

'ミルカ'

≫ 育て方・管理

入　　手：3〜5月／球根。
植えつけ：3月下旬〜7月。
環　　境：日当たりのよい所。
水 や り：庭植えはほとんど不要。株元のマルチングや土寄せは有効。鉢植えは表土が乾いたらたっぷり。
肥　　料：比較的やせ地でもよく育つ。庭植えは元肥と開花後にお礼肥を与える。鉢植えは元肥の他、葉が茂っている間は月1回の置き肥か、月3回の液体肥料を与える。チッ素分はやや少なく、リン酸、カリ分の多いものがよい。※球根用肥料が使いやすい。
手入れ：花が咲くと倒れやすいので、蕾が伸びてきたら、根元に土を寄せるか、支柱を立てる。蕾が成長するので、支柱との結び目には注意。秋に葉が枯れてきたら、株を掘り上げて日陰で乾燥させる。冬期は凍らないところで貯蔵する。
殖やし方：球根を掘り上げて、分球（11月頃）で殖やす。新球の回りにたくさんの木子（きご）ができるので、必要な分をとっておく。
夏 対 策：不要。
冬 対 策：球根が凍ると枯れるので対策不要。
生　　育：球根の植えつけ時期を4月から6月にずらすと、開花期を長く調整できる。

草丈＊大型

ダリア

| 球根類 | 草丈〈小型〜大型〉20〜200cm |
※品種によってさまざま

手の平サイズのミニダリアから、巨大な皇帝ダリア（3〜5m）まで、大きさ、花形はさまざまでバラエティが豊富。黒葉系も利用しやすい。

'ブラックナイト'

科名／属名：キク科／テンジクボタン属（ダリア属）
和名：テンジクボタン（天竺牡丹）
開花期：6月中旬〜11月。真夏は咲きにくく、9月中旬〜10月が多い
花色：赤、桃、橙、黄、白、紫、複色

≫ 育て方・管理

入　　手：4〜7月／ポット苗。秋にも流通する。
　　　　　3〜5月／球根。
　　　　　通年／種子。ダリア・フィガロなどの一部の品種。
植えつけ：3月下旬〜7月中旬。秋は開花中のポット苗か、鉢物成品（越冬が心配なので鉢で管理）。
環　　境：日当たりと水はけのよい所。
種子まき：3〜5月。発芽適温15℃くらい。ポットにまいて育てる。※好光性種子。土はかぶせないか、薄くかける程度。
水 や り：庭植えはほとんど不要。鉢植えは表土が乾いたらたっぷり。多湿に注意。
肥　　料：庭植えは元肥の他、5月と9月頃に追肥する。鉢植えは真夏を除いて定期的に月3回ぐらいの液体肥料か、月1回の置き肥を与える。
手入れ：花がら切りをして、初夏の花が一段落したら全体の1/2ほどを切り戻す。茎が中空で雨水がたまると腐りやすいので、アルミ箔でフタをする。小型の矮性種以外は、早めに摘芯するか支柱を立てる。
殖やし方：主に分球（春）で殖やす。挿し芽（5〜6月）、種子まき（3〜5月）。
夏 対 策：高温期は花が咲きにくい。対策不要。
冬 対 策：冬期は球根が凍らないよう、盛り土やマルチングをするか、掘り上げて、おがくずやピートモスに埋めて乾燥貯蔵。地中の凍らない地域では越冬するので、早めに植えつけて根をしっかり張らせる。
生　　育：側枝を伸ばし、次々と花を咲かせながら、大きく育っていく。

PART 3　育てやすい草花図鑑　43

中型

草丈が40〜60cmの草花で、庭の中ほどに配置します。
宿根草と一年草を主体に、球根類や半日陰に向く植物を紹介します。

エキナセア

| 宿根草 | 草丈〈中型〉30〜100cm |

新品種が次々と生まれ、変化に富む。
茎は固くしっかりして、花もちも抜群。
暑さに強く、夏の花壇を華やかに彩る。

≫ 育て方・管理

入　　手：4〜10月／ポット苗。
　　　　　通年／種子。品種が限られる。
環　　境：日当たりと水はけのよい所。
植えつけ：4〜5月、10月。
種子まき：4〜5月、9月下旬〜10月。発芽適温
　　　　　20℃くらい。ポットにまいて育てる。
水 や り：庭植えはほとんど不要。鉢植えは表土
　　　　　が乾いたらたっぷり。
肥　　料：庭植えはほとんど不要。鉢植えは5〜
　　　　　6月、10月に緩効性肥料を月1回ずつ
　　　　　与える。育苗中は液肥を与える。
手 入 れ：不要。雑草対策はしっかり行う。
殖やし方：株分け（4〜5月、10月）で殖やす。芽
　　　　　数が殖えて大株になったら株分けでき
　　　　　るが、無理に株を割らないほうがよい。
夏 対 策：不要。
冬 対 策：不要。
生　　育：花後も形が長く残り、ドライフラワー
　　　　　としても観賞できる。

科名／属名：キク科／ムラサキバレンギク属（エ
　　　　　　キナセア属）
和名：ムラサキバレンギク（紫馬簾菊）
開花期：7〜9月
花色：赤、黄、橙、桃、白、緑、複色

'フラダンサー'
花弁が細く垂れてねじれ、
フラダンスのイメージ。
やせ地でもよく育つ。

'グリーンジュエル'
丈夫でコンパクトな品種。
鮮やかな緑色で、花芯が
大きい。切り花にも向く。

'チョコグリーン'
ピンク＆グリーンのバイ
カラー。淡茶色から咲き
はじめるのが名前の由来。

'キューピット'

'ゴールドハート'

タイツリソウ

| 宿根草 | 草丈〈中型〉30～60cm |

ハート型で愛嬌のある花が弓なりに連なって咲き、
ユニークな姿でひときわ目立つ。
古い時代から愛され、昔も今も変わらない人気。

≫ **育て方・管理**

入　　　手：3～5月／ポット苗。通信販売などで10月頃も入手可。
環　　　境：落葉樹の下など、夏は日陰になる所。
植えつけ：3～5月。10～11月も適期。
水 や り：庭植えはほとんど不要。鉢植えは表土が乾いたらたっぷ
　　　　　　り。過湿にならないよう注意。
肥　　　料：庭植えはほとんど不要。鉢植えは11月と3月頃に緩効性
　　　　　　肥料（固形肥料や粒状肥料）を月1回ずつ与える。
手 入 れ：花後は穂を切り取る。葉は自然に枯れるまで残しておく。
殖やし方：株分け（10～11月）で殖やす。
夏 対 策：地上部が枯れて休眠する。株元に一年草やグラウンドカ
　　　　　　バープランツを植えて、地面が日陰になるようにすると
　　　　　　よい。
冬 対 策：不要。
生　　　育：太い根が伸びるので、よく耕して水はけをよくして植え
　　　　　　つける。寒地（北海道など）は、夏も生育を続ける。

科名／属名：ケシ科／ケマンソウ属
和名：ケマンソウ（華鬘草）
開花期：4～6月　花色：桃、白、赤

ペンステモン

| 宿根草 | 草丈〈中型〉20～80cm |

ベル型や筒型の花が長い穂になって咲き、
多種多様。朱赤色のバルバタスは、
冬期の緑葉が特に鮮やか。
白花のハスカーレッドは、
赤紫色の葉とのコントラストで映える。

'エレクトリックブルー'

≫ **育て方・管理**

入　　　手：4～7月／ポット苗。通信販売などで秋にも入手可。
　　　　　　通年／種子。品種が限られる。
環　　　境：日当たりと水はけのよい所。
植えつけ：3月中旬～5月中旬、9～11月。
種子まき：4～5月。発芽適温20℃くらい。ポットで育苗する。
水 や り：庭植えはほとんど不要。
　　　　　　鉢植えは表土が乾いたらたっぷり。乾燥に強いが、多
　　　　　　湿に弱い。
肥　　　料：庭植えはほとんど不要。鉢植えは春と秋にそれぞれ月
　　　　　　1回、緩効性肥料を与える。ポットで育苗中は液体肥
　　　　　　料を与える。
手 入 れ：花後、花茎を切り取る。
殖やし方：挿し芽（5～6月、9月中旬～10月）で殖やす。
夏 対 策：カラッとした暑さには強いが、蒸れには弱いので注意。
冬 対 策：常緑性なので不要。
生　　　育：春は成長が早く、生育旺盛。夏以降も草姿を保つ。

科名／属名：オオバコ科／イワブクロ属（ペンステモン属）
和名：ヤナギチョウジ、ツリガネヤナギ
開花期：5～7月。冷涼地では8～9月まで咲き続ける品種もある
花色：赤、青、白、桃

草丈＊中型

PART 3　育てやすい草花図鑑　45

ベロニカ

| 宿根草 | 草丈〈中型〉30〜80cm |

すらりとしたスマートな草姿で、長い花穂が上に
突き出るような形で並んで咲いている様子が面白い。
花後に軽く切り戻すと、二番花が咲く。

≫ 育て方・管理

入　　手：4〜6月、9〜10月／ポット苗。
　　　　　通年／種子。品種が限られる。
環　　境：日当たりと水はけのよい所。
植えつけ：3〜5月、9月下旬〜11月中旬。
種子まき：4〜5月、9月下旬〜10月に一部の品種に限られる。発芽適温20℃くらい。ポットにまいて育てる。
水 や り：庭植えはほとんど不要。鉢植えは表土が乾いたらたっぷり。
肥　　料：庭植えは不要。鉢植えは3〜4月、9月下旬〜11月中旬に緩効性肥料を月1回ずつ与える。ポットで育苗中は液肥を与える。
手 入 れ：花後、花穂を切り取る。
殖やし方：株分け（早春か10〜11月）、挿し芽（6月か9〜10月）、種子まき（4〜5月）で殖やす。
夏 対 策：蒸れないよう、風通しをよくする。
冬 対 策：冬は休眠するので対策不要。
生　　育：株元の芽数が増え、大株に育つ。

クガイソウ

科名／属名：オオバコ科／クワガタソウ属（ベロニカストラム属）
和名：ルリトラノオ
開花期：5〜7月、(10月)、種類によりさまざま　花色：青、紫、桃、白

アスチルベ

| 宿根草 | 草丈〈中型〉30〜60cm |

しっとりと落ち着いた風情があり、梅雨時に映える花。
雨上がりにはキラキラと光って、特に美しい。
花穂の形、大きさはいろいろ。

≫ 育て方・管理

入　　手：4〜6月／ポット苗。
　　　　　通年／種子。品種が限られる。
環　　境：日当たりと水はけのよい所。夏は日陰（乾燥しない）になる所。
植えつけ：3〜4月、10〜11月。
種子まき：4〜5月。発芽適温20℃くらい。ポットにまいて育てる。
水 や り：庭植えは春の伸長期に土の乾き具合をチェック。鉢植えは表土が乾いたらたっぷり。乾燥に注意する。
肥　　料：庭植えは不要。鉢植えは3〜4月、10月に月1回、緩効性肥料を与える。ポットで育苗中は液肥を与える。
手 入 れ：花後に花茎を切り取る。
殖やし方：株分け（10月以降）3〜5芽。種子まき（4〜5月）で殖やす。
夏 対 策：夏は日陰がよい。
冬 対 策：落葉性なので不要。
生　　育：数年間は植えっ放しでよい。

科名／属名：ユキノシタ科／チダケサシ属（アスチルベ属）
和名：アワモリショウマ、チダケサシほか
開花期：6〜7月、5月中旬〜7月　花色：赤、桃、白、藤桃

ジャーマンアイリス

| 宿根草 | 草丈〈中型〉20～80cm |

レインボーフラワーとも呼ばれ、ほぼすべての花色が揃っている。球根の性質を併せもち、乾燥に強い。小型の品種なら、わずかなスペースでも育てられる。

≫ 育て方・管理

入　　手：10～4月／ポット苗。
　　　　　10～11、3～4月／地掘り苗。
環　　境：日当たりと水はけのよい所。
植えつけ：8～10月、庭植えの場合、乾きやすい場所に浅く植える。
水 や り：庭植えはほとんど不要。鉢植えは表土が乾いたらたっぷり。
肥　　料：庭植えはほとんど不要。鉢植えは早春と秋に緩効性肥料を1回ずつ与える。石灰（苦土石灰など）を与えるとよい。
手 入 れ：花がらを取り除くと、見映えがよい。
殖やし方：株分け（8～9月）で殖やす。根茎のくびれ部分で分けるとよい。
夏 対 策：湿気や過湿に弱いので注意。掘り上げて乾かしてもよい（葉はつけたまま）。
冬 対 策：不要。
生　　育：年々芽数が増え、広がっていく。

> 科名／属名：アヤメ科／アヤメ属
> 別名：ドイツアヤメ
> 開花期：5～6月　花色：赤、桃、橙、青、紫、白、黄、複色

アヤメ

| 宿根草 | 草丈〈中型〉30～80cm |

まっすぐに伸びた茎に優雅な花を咲かせ、和の雰囲気が感じられる。古くから親しまれ、日本の花の代表格。深い色合いと独特な紋様は、アヤメならではのもの。

≫ 育て方・管理

入　　手：5～6月、10～11月／ポット苗。通信販売は秋が多い。
環　　境：日当たりのよい所。
植えつけ：2～3月、6～7月。
水 や り：庭植えはよほど乾かない限り不要。鉢植えは表土が乾いたらたっぷり。
肥　　料：庭植えはほとんど不要。鉢植えは春と秋に緩効性肥料を1回ずつ与える。
手 入 れ：花後、花茎を切り取る。
殖やし方：株分け（2～3月）、芽出し直前か花後に2～3株で殖やす。
夏 対 策：不要。
冬 対 策：葉は枯れて休眠するので対策不要。
生　　育：年々、芽数が増え、大株に育つ。

> 科名／属名：アヤメ科／アヤメ属
> 和名：アヤメ（菖蒲）
> 開花期：6～7月　花色：青紫（濃淡あり）、白

ヘメロカリス

| 宿根草 | 草丈〈中型〉30〜100cm |

※高性種もある

環境への適応の幅が広く、丈夫で放任でも
育つことから、緑化材料としても利用される。
ユリのような花が、毎日入れ替わるように
咲き続ける。品種は非常に多い。

≫ 育て方・管理

入　　手：春と秋／ポット苗。
環　　境：日当たりと水はけのよい所。
植えつけ：3〜4月、10〜11月。
水 や り：庭植えは不要。鉢植えは表土が乾いたらたっぷりと。
肥　　料：庭植えは不要。鉢植えは3月上旬と10月上旬に緩効性肥料を月1回ずつ与える。
手 入 れ：アブラムシがつきやすいので、早めに駆除する。
殖やし方：株分け（3〜4月、10〜11月）で、4〜5芽で殖やす。
夏 対 策：不要。
冬 対 策：葉は枯れて休眠するので対策不要。
生　　育：品種の差が大きい。

科名／属名：ツルボラン科（ワスレグサ科）／ワスレグサ属（ヘメロカリス属）
別名：デイリリー
開花期：5〜10月。早晩や二季咲きもある
花色：白、赤、桃、橙、黄、複色

ルドベキア

| 宿根草 | 草丈〈中型〉30〜100cm |

黄色い花弁と中心部の濃茶色との
コントラストがきわ立つ。
一年草から宿根草まで種類が多く、
秋遅くまで咲き続ける。

ルドベキア・フルギダ

≫ 育て方・管理

入　　手：3〜11月／ポット苗。比較的夏が多いが品種によって異なる。
　　　　　通年／種子。品種が限られる。
環　　境：日当たりと水はけのよい所。
植えつけ：3〜10月、冬を除いていつでも可。
種子まき：3〜4月、9〜10月。発芽適温20℃くらい。直まき、またはポットにまいて育てる。
水 や り：庭植えはほぼ不要。鉢植えは表土が乾いたらたっぷり。
肥　　料：庭植えは不要。鉢植えは4〜10月に粒状の化成肥料などを2か月に1回くらい与える（月1回小分けにしてもよい）。ポットで育苗中は液肥を与える。
手 入 れ：花がらは切り取る。秋以降は花を残し、ドライフラワーにしてもよい。
殖やし方：株分け（4〜5月）で殖やす。小型から中型はハサミか手で分ける。大型はスコップなどで分ける。
夏 対 策：不要。
冬 対 策：過湿や株の寿命で枯れることもある。
生　　育：やせ地でもよく育つ。

科名／属名：キク科／オオハンゴウソウ属（ルドベキア属）
和名：マツカサギク、アラゲハンゴンソウ
開花期：7〜11月　花色：黄、複色、茶、緑。一重から八重まで多彩にある

草丈＊中型

'スタークラスター'

コレオプシス

| 宿根草、種によっては一年草　|　草丈〈中型〉20～80cm |
　　※キンケイギクとハルシャギクは一年草。
　　　イトバハルシャギクや交配品種の多くは宿根草

開花期間が長く、丈夫で育てやすい。
花色が豊富で複色も多く、
夏と秋で色が変わる品種もある。
コンパクトな草姿で、わずかなスペースでも利用できる。

科名／属名：キク科／ハルシャギク属（コレオプシス属）
和名：キンケイギク（金鶏菊）、ハルシャギク（春車菊）
開花期：5～10月
花色：赤、桃、黄、白、橙、複色

≫ 育て方・管理

入　　手：5～10月／ポット苗。
　　　　　通年／種子。一年草の品種ハルシャギク、宿根草の品種の一部も流通。
環　　境：日当たりと水はけのよい所。
植えつけ：3～10月。冬を除き、いつでも植えつけ可。
水　や　り：庭植えはよほど乾燥しない限り不要。鉢植えは表土が乾いたらたっぷり。
肥　　料：庭植えは不要。鉢植えは春と秋に緩効性肥料を1回ずつ与える。育苗中は液肥を与える。
手入れ：伸びすぎた枝は切り戻す。
殖やし方：株分け（3～5月）は、5～6芽くらいのかたまりで分ける。挿し芽（7～9月）でも殖やせる。ハルシャギクなどの一年草は、種子で殖やす。
夏対策：不要。
冬対策：地中に越冬芽があれば、冬越しは容易。
生　　育：こんもり茂り、安定した草姿で、花期が長い。

コレオプシス・バーティシラータ

糸葉のハルシャギク。コスモスと間違えられやすい。地下茎で広がって殖える。

'ガーネット'

ピンク＆レッドのバイカラー。珍しい色合いのひとつ。ピンク系の交配種が多い。

PART 3　育てやすい草花図鑑　49

キキョウ

| 宿根草 | 草丈〈中型〉20～100cm |

日本古来の花で、活け花など広く利用される。開花期の早晩や草丈の大小があり、八重咲き品種や、袋咲きの小町キキョウはユニークで個性的。

≫ 育て方・管理

- 入　　手：4～9月／ポット苗。通年／種子。
- 環　　境：風通しのよい日なたで、水はけのよい所。
- 植えつけ：2～3月。ほぼ通年可。適期は3～5月か10月頃。
- 種子まき：3～5月、秋も可。発芽適温20℃くらい。直まき、またはポットにまいて育てる。
- 水 や り：庭植えはよほど乾燥しない限り不要。鉢植えは表土が乾いたらたっぷり。乾燥にはかなり強い。しおれてもすぐに復活する。過湿に注意。
- 肥　　料：庭植えは不要。鉢植えは春と秋に緩効性肥料を月1回ずつ与える。ポットで育苗中は液肥を与える。
- 手 入 れ：花がらを切り取ると見栄えがよく、次の花も咲きやすい。
- 殖やし方：株分け（2～3月）で殖やす。芽出し直前、自然に分かれている部分で分けるとよい。無理に分けると切り口から腐りやすい。挿し芽（5～6月）や種子まき（3～5月）でも殖やせる。
- 夏 対 策：不要。
- 冬 対 策：地中の根で冬越しするので対策不要。
- 生　　育：何年も植えっ放しでよい。

- 科名／属名：キキョウ科／キキョウ属
- 和名：キキョウ（桔梗）
- 別名：アリノヒフキ、ボンバナ、ヨメトリバナ
- 開花期：6～10月。秋の開花は二番花、または実生一年苗
- 花色：青紫、桃、白

宿根アスター

| 宿根草 | 草丈〈中型〉30～100cm |

一年草のアスター（エゾギク）と区別して宿根アスターと呼ばれ、ユウゼンギクやシロクジャク、シオンなど交配品種も多い。枝一面に花があふれるように咲く。

≫ 育て方・管理

- 入　　手：9～11月／ポット苗。さまざまな品種の苗が流通。
- 環　　境：日当たりと水はけのよい所。
- 植えつけ：2～11月。
- 水 や り：庭植えはよほど乾燥しなければ不要。鉢植えは表土が乾いたらたっぷり。
- 肥　　料：庭植えはほとんど不要。鉢植えは5～6月と9月に緩効性肥料を月1回ずつ与える。ポットで育苗中は液肥を与える。
- 手 入 れ：高性種は倒れやすいので、6月頃に台刈りで低くするか、支柱を立てる。
- 殖やし方：株分け（2～4月）、3～5芽。挿し芽（5～6月）で殖やす。
- 夏 対 策：不要。
- 冬 対 策：不要。
- 生　　育：旺盛でよく殖えるので、数年ごとに株分けして芽数を制限する。

- 科名／属名：キク科／シオン属（アスター属）
- 和名：孔雀アスター、ユウゼンギク
- 開花期：9～11月（7～8月）
- 花色：赤、桃、白、青、紫

ユウゼンギク

ビデンス

| 宿根草 | 草丈〈中型〉30〜80cm |

この仲間で園芸利用されるのは、主に寒さに弱い四季咲き性の種類と、秋咲きで地下茎を伸ばして冬越しするタイプがあり、後者はウインターコスモスと呼ばれる。花の少ない晩秋から初冬を明るく彩る。

≫ 育て方・管理

- 入　　手：9〜11月／ポット苗。春や夏に流通する品種もある。
- 環　　境：日当たりと水はけのよい所。
- 植えつけ：4〜11月。
- 水 や り：庭植えはよほど乾燥しない限り不要。鉢植えは表土が乾いたらたっぷり。
- 肥　　料：庭植えはほとんど不要。鉢植えは4〜10月に緩効性肥料を数回与える。
- 手 入 れ：秋咲き種は7月頃に刈り込んでおくと、草丈が低くこんもりして、花がたくさん咲く。
- 殖やし方：株分け（4〜5月）、挿し芽（5〜10月）で殖やす。品種によっては種子が実ることがある。
- 夏 対 策：不要。
- 冬 対 策：地下の芽が凍らないように注意。
- 生　　育：成長が早い。

'ジュジュ'

科名／属名：キク科／センダングサ属
別名：ウインターコスモス
開花期：9〜11月。品種による。四季咲き性もある。
花色：黄、白、複色

ゼラニウム

| 木質化する多年草 | 草丈〈中型〉20〜100cm |

乾燥に強く、長い期間咲き続け、葉の模様もさまざまで個性的。ペラルゴニウムには、他にもアイビーゼラニウム、パンジーゼラニウム、ローズゼラニウム（ハーブ）などがある。

科名／属名：フウロソウ科／テンジクアオイ属（ペラルゴニウム属）
別名：ペラルゴニウム
開花期：3〜12月上旬
花色：白、赤、桃、橙、紫、複色

≫ 育て方・管理

- 入　　手：ほぼ通年／ポット苗は特に春と秋に流通することが多い。種子もある。
- 植えつけ：3月下旬〜5月、9〜10月。
- 環　　境：日当たりと水はけのよい所。多湿に注意。
- 種子まき：4〜5月、10月頃。発芽適温20〜25℃。ポットにまいて育てる。
- 水 や り：庭植えはしっかり根が張れば、ほとんど不要。鉢植えは表土が乾いたらたっぷり。
- 肥　　料：庭植え・鉢植えともに3月、5月、9月、11月に月1回ずつ固形肥料などを与える。液体肥料を月1〜2回与えてもよい。
- 手 入 れ：花後は花茎を切り取る。散った花びらは取り除く（カビ予防のため）。
- 殖やし方：主に挿し芽（春か秋）で殖やす。多肉植物と同じようにするとよい。
- 夏 対 策：多湿や蒸れに弱い。鉢植えは日陰へ移動（長雨に注意）。
- 冬 対 策：常緑性。凍らないように冬越しさせる。乾燥気味がよい。
- 生　　育：多肉質の茎で低木状に育つ。切り戻しで低く仕立てる。

PART 3　育てやすい草花図鑑

ユリオプスデージー

| 木質化する多年草 |
| 草丈〈中型〉90～100cm（切り戻しをしない場合） |
※毎年切り戻すと、草丈30cm前後で花を咲かせることができる

厚みのある緑白色の葉で、
黄色いマーガレットのような花が、
冬から春に次々と咲く。低木状に育ち、
好みの大きさに仕立てられる。
同属で別種のゴールデンクラッカーは小輪多花性。

》**育て方・管理**

入　　手：11～5月／ポット苗。草丈10～20cmの開花苗が流通。
植えつけ：3～5月、9～10月。
環　　境：日当たりと水はけのよい所。
水 や り：庭植えはしっかり根が張れば、ほとんど不要。鉢植えは表土が乾いたらたっぷり。
肥　　料：庭植えは不要。鉢植えは3～7月、9～11月に緩効性肥料を月1回ずつ、または液体肥料を月1回ずつ与える。
手 入 れ：花後は花茎を切り取る。5～6月の切り戻しで、草丈を低く育てられる。
殖やし方：主に挿し木（5～6月頃）で殖やす。
夏 対 策：水はけ・風通しをよくして蒸れを防ぐ。
冬 対 策：常緑性。寒地では防寒が必要。
生　　育：低木状に大きく育つが、摘芯や切り戻しで草丈を低く仕立てることもできる。市販のポット苗は、矮化剤を使っていることが多い。

科名／属名：キク科／ユリオプス属
開花期：11～5月　　花色：黄

マーガレット

| 木質化する多年草 | 草丈〈中型〉30～100cm |

清楚な白い花は古くから親しまれ、切り花にも
利用される。最近は八重咲きをはじめ、
赤、桃、黄色など、カラフルでコンパクトな品種も多く、
花壇や寄せ植えにも使いやすい。

》**育て方・管理**

入　　手：10～6月／ポット苗。特に春に流通する。
植えつけ：3～6月、9～10月。
環　　境：日当たりと水はけのよい所。潮風には強い。
水 や り：庭植えはしっかり根が張れば、ほとんど不要。鉢植えは表土が乾いたらたっぷり。
肥　　料：庭植えは秋と春に1回ずつ、液体肥料を与える。鉢植えは9～6月に月1回、液体肥料を与える。
手 入 れ：花後は花茎を切り取る。梅雨前に半分くらいに刈り込む。
殖やし方：主に挿し芽（3～6月、9～10月）で殖やす。
夏 対 策：水はけと風通しをよくし、蒸れないよう注意。カラッとした暑さには強い。
冬 対 策：軽い霜なら耐えるが、凍らないよう注意。
生　　育：枝分かれして次々に花を咲かせながら、低木状に大きく育つ。

科名／属名：キク科／モクシュンギク属（アルギランセマム属）　和名：モクシュンギク（木春菊）
開花期：11～5月　　花色：白、桃、赤、薄黄、黄、薄橙

ブルースター

| 木質化する多年草 | 草丈〈中型〉40〜100cm |

星型の澄んだブルーの花が多数咲く。
茎は弓状に長く伸びる。花後には大きな実がなり、
熟すと割れて絹糸のようなフワフワした綿毛が出てくる。

科名／属名：キョウチクトウ科／トゥイーディア属
和名：ルリトウワタ（瑠璃唐綿）
別名：オキシペタラム
開花期：5〜10月上旬　花色：青、ピンク、白

草丈＊中型

≫ 育て方・管理

入　　手：5〜9月／ポット苗。
　　　　　通年／種子。
植えつけ：4月下旬〜7月上旬。
環　　境：日当たりと水はけのよい所。
種子まき：4〜5月、9〜10月。発芽適温20℃く
　　　　　らい。ポットにまいて育てる。
水やり：庭植えはしっかり根が張れば、ほとん
　　　　ど不要。鉢植えは表土が乾いたらたっ
　　　　ぷり。
肥　　料：庭植えはほとんど不要。鉢植えは5〜
　　　　　10月上旬に月1回、液体肥料を与える。
手入れ：花後は花茎を切り取る。古くなった茎
　　　　は切り取り、株元から出る新しい茎に
　　　　更新するとよい（バラのシュートのよ
　　　　うな要領で）。
殖やし方：種子まき（春か秋）か、挿し芽（6〜
　　　　　7月）で殖やす。
夏対策：乾燥に強く、多湿に弱いので、水はけ
　　　　をよくする。
冬対策：半耐寒性で、−2℃くらいまでなら冬
　　　　越しできる。
生　　育：次々と花を咲かせながら、茎が伸びて
　　　　　いく。

カンパニュラ・メディウム

| 一年草、二年草 | 草丈〈中型〉30〜80cm |

風鈴のような大きな鐘形の花が穂になって咲き、
ボリューム感がある。花はやや斜め上向きに咲き、
切り花、鉢もの、花壇と広く利用され、親しみやすい花。
二重咲きのカップ＆ソーサーは、ユニークな花形。

科名／属名：キキョウ科／ホタルブクロ属
和名：フウリンソウ（風鈴草）
別名：カンタベリー・ベルズ
開花期：5〜7月　花色：青紫、白、桃

≫ 育て方・管理

入　　手：10〜11月、2〜3月／ポット苗。
　　　　　通年／種子。
環　　境：日当たりと水はけのよい所。
植えつけ：10〜11月。早春でもよい。
種子まき：6〜7月。発芽適温15℃くらい。
　　　　　ポットにまいて育てる。種子は細か
　　　　　いので、育苗箱にまいてもよい。
水やり：庭植えはよほど乾燥しない限り不要。
　　　　鉢植えは表土が乾いたらたっぷり。
肥　　料：庭植え・鉢植えともに11月頃と3
　　　　　月頃に緩効性肥料を月1回ずつ与え
　　　　　る。ポットで育苗中は液肥を与える。
手入れ：不要。
殖やし方：種子まきで殖やすが手間がかかる。
　　　　　市販のポット苗から育てるのが容易。
夏対策：花後は枯れるので対策不要。
冬対策：寒さに当てたほうがよい。室内不可。
　　　　ロゼットで冬越しする。
生　　育：長日開花性。日が長くなると抽苔
　　　　　（茎が伸びて花芽がつく）し開花する。

PART 3　育てやすい草花図鑑　53

ヒナゲシ

| 一年草 | 草丈〈中型〉30～60cm |

荒地を一面のお花畑に変えてくれる
便利な花材。赤、桃、白の花が
にぎやかに咲く。ヒナゲシに似た
早咲きのアイスランドポピーは、
橙花や黄花で組み合わせてもよい。

≫ 育て方・管理

- 入　　　手：3～5月／ポット苗。通年／種子。
- 植えつけ：2月中旬～3月、10月中旬～11月。
- 環　　　境：風通しがよく、日当たりと水はけのよい所。
- 種子まき：9～11月（寒地は3～4月でもよい）。発芽適温15～20℃。直まき、またはポットにまいて育てる。移植を嫌う。根を切らないよう注意。
- 水 や り：庭植えはしっかり根が張れば、ほとんど不要。鉢植えは表土が乾いたらたっぷり。過湿に注意。
- 肥　　　料：庭植えは不要。鉢植えは2月中旬～3月、10月中旬～11月に月1回ずつ液体肥料を与える。
- 手 入 れ：花がら摘みをする。翌年のための種子を少しだけ残す。
- 殖やし方：種子まき（9月上旬～10月中旬）で殖やす。赤花が強く、よく殖える。直根性なので直まきがよい。移植不可。
- 夏 対 策：夏は枯れるので対策不要。
- 冬 対 策：不要。
- 生　　　育：花後に種子が実るので、採っておいて秋にまく。場所によってはこぼれ種子で毎年開花する。

シャーレーポピー

科名／属名：ケシ科／ケシ属
別名：シャーレーポピー、グビジンソウ
開花期：4～5月（寒冷地は6～7月）　花色：赤、桃、白、複色

ナノハナ

| 一年草 | 草丈〈中型〉50～80cm |

桜の樹の下などで一面に咲くようすは、
いかにも春らしい風景で、のどかな田園風景を思わせる。
早生から晩生など品種も多く、蝶や蜂なども
集まってくる「蜜源植物」。「ナノハナ」、「菜の花」は総称。
多くの品種があり、食用・観賞用の両方に利用する。

科名／属名：アブラナ科／ブラシカ属
和名：アブラナ（ナタネ）、セイヨウアブラナ
開花期：3～5月。1～2月の寒咲き系もある
花色：黄

≫ 育て方・管理

- 入　　　手：通年／種子。
- 環　　　境：日当たりと水はけのよい所。
- 種子まき：9～11月。発芽適温15～20℃。直まき、またはポットにまいて育てる。
- 水 や り：庭植えはしっかり根が張ればほとんど不要。鉢植えは表土が乾いたらたっぷり。過湿に注意。
- 肥　　　料：庭植えはほとんど不要。鉢植えは11月中旬～4月に液体肥料を月1回与える。
- 手 入 れ：アオムシなどの防除を行う。
- 殖やし方：種子まき（9～10月）で殖やす。
- 夏 対 策：夏は枯れるので対策不要。
- 冬 対 策：品種によって、寒地の場合は防寒が必要。
- 生　　　育：こぼれ種子で毎年、発芽・生育する。

草丈＊中型

フレンチマリーゴールド

マリーゴールド

│ 一年草 │ 草丈〈中型〉10〜60cm │

フレンチ・マリーゴールドがもっとも多く利用され、
開花期間が長く品種も多い。
大型のアフリカンや繊細なメキシカンもまた
違った印象で、使い分けができる。

> **科名／属名**：キク科／マンジュギク属（タゲテス属）
> **和名**：クジャクソウ（孔雀草）、万寿菊、千寿菊
> **開花期**：4〜12月（5〜11月）。地域によって異なる
> **花色**：赤、橙、黄、白、複色

≫ 育て方・管理

入　　手：4〜9月／ポット苗。
　　　　　通年／種子。
植えつけ：4〜9月。
環　　境：日当たりと水はけのよい所。
種子まき：4〜7月。発芽適温20〜25℃。直まき、または
　　　　　ポットにまいて育てる。
水 や り：庭植えはしっかり根が張れば、ほとんど不要。鉢
　　　　　植えは表土が乾いたらたっぷり。
肥　　料：庭植えはほとんど不要。鉢植えは4月中旬〜7月
　　　　　中旬、9〜10月に緩効性肥料を与える。
手 入 れ：夏の高温期に花が咲かなくなったり、伸びすぎて
　　　　　草姿が乱れてきたら、半分くらいに刈り込む。
殖やし方：種子まき（4〜7月）で殖やす。
夏 対 策：不要。
冬 対 策：半耐寒性の品種もあり。ミントマリーゴールド、
　　　　　レモンマリーゴールドは、ハーブとしても利用で
　　　　　きる。
生　　育：枝分かれして次々と花を咲かせながら、株が大き
　　　　　く育っていく。大型のアフリカン・マリーゴール
　　　　　ドと、小型のフレンチ・マリーゴールド等がある。

ミントマリーゴールド
虫除けにもなるマイルドな香り。10〜11月に開花。−5℃くらいなら冬越しする。

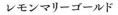

レモンマリーゴールド
葉には強いレモンの香りがあり、料理やティーに使われる。ハーブガーデンで多用。

'ストロベリーブロンド'
庭の前面によく使うフレンチ・マリーゴールドのひとつ。草丈が低く、花が小さい。

PART 3　育てやすい草花図鑑　55

オルラヤ

| 一年草 | 草丈〈中型〉30～80㎝ |

一度苗を植えると、こぼれ種子で毎年開花する。
ふんわりとした花で、花壇の背景やバラの花の
引き立て役としても使いやすい。
雲海のような風景もつくれる。

オルラヤ・グランディフローラ

≫ 育て方・管理

入　　　手：2～5月／ポット苗。
　　　　　　通年／種子。流通が少ないが、通信販売などで
　　　　　　入手可。
植えつけ：2～5月。根を切らないように植える。
環　　　境：日当たりのよい所。
種子まき：9～11月（自家採取）。発芽適温15～20℃。
水 や り：庭植えはしっかり根が張れば、ほとんど不要。
　　　　　　鉢植えは表土が乾いたらたっぷり。過湿に注意。
肥　　　料：庭植えは不要。鉢植えは3月頃に緩効性肥料を
　　　　　　与える。
手入れ：不要。
殖やし方：種子まきで殖やすが、こぼれ種でいくらでも殖
　　　　　　える。種子をまいて芽が出たら、必要な数だけ
　　　　　　残して間引く。
夏 対 策：夏は枯れるので対策不要。種子が実る。
冬 対 策：不要。ロゼットで冬越しする。
生　　　育：秋に発芽。越冬して春～初夏に開花する。直根
　　　　　　性で移植を嫌う。

科名／属名：セリ科／オルラヤ属
別名：レース・フラワー
開花期：5～7月　花色：白

オシロイバナ

| 一年草扱い | 草丈〈中型〉30～80㎝ |

夕方近くに開花し、翌日にはしぼむ一日花で、
毎日咲き続け、香りもある。
黒い大きな種子の中には、白い粉がつまっている。
地中に球根ができる多年草で、一年草扱いもできる。

≫ 育て方・管理

入　　　手：6～8月／ポット苗。流通は少ない。
　　　　　　通年／種子。
植えつけ：6～10月。
環　　　境：日当たりのよい所。
種子まき：5～6月。発芽適温20℃くらい。直まき、また
　　　　　　はポットにまいて育てる。
水 や り：庭植えはしっかり根が張れば、ほとんど不要。
　　　　　　鉢植えは表土が乾いたらたっぷり。乾燥に強い。
肥　　　料：庭植えは不要。鉢植えは、6～9月に月1回置
　　　　　　き肥をするか、月3回くらい液体肥料を与える。
手入れ：8～9月に整枝をするのみで刈り込みは不要。
　　　　　　伸びすぎるようなら刈り込んでもよい。
殖やし方：種子まき（5～6月）で殖やす。
夏 対 策：不要。
冬 対 策：冬は自然に枯れるので対策不要。
生　　　育：春に種子をまいて育てる（一年草扱い）。こぼれ
　　　　　　種子で毎年自然に芽生えることが多い。

科名／属名：オシロイバナ科／オシロイバナ属（ミラビリ
ス属）　和名：オシロイバナ（白粉花）
別名：フォー・オ・クロック、夕化粧
開花期：6～10月
花色：赤、橙、黄、桃、白、複色

ブルーサルビア

| 一年草扱い | 草丈〈中型〉30〜50cm |

※高性種もある

夏の涼を演出する花として利用が多く、ラベンダー畑を思わせる。開花期間が長く、赤色のサルビアと組み合わせてもよい。半耐寒性の多年草で、場所によっては冬越しする。

サルビア・ファリナセア

❯❯ 育て方・管理

入　　　手：4〜10月／ポット苗。
　　　　　　通年／種子。
植えつけ：4〜10月。
環　　　境：日当たりと水はけのよい所。
種子まき：4〜6月。発芽適温20〜25℃。ポットにまいて育てる。
水　や　り：庭植えはしっかり根が張れば、ほとんど不要。鉢植えは表土が乾いたらたっぷり。過湿に注意。
肥　　　料：庭植えはほとんど不要。鉢植えは4〜10月に緩効性肥料を2か月に1回ずつ与える。
手　入　れ：伸びすぎた枝や、混み合っている枝は切り戻す。
殖やし方：種子まき（4〜6月）、挿し芽（5〜7月）で殖やす。
夏　対　策：高温期は花が咲きにくいので蒸れないようにする。
冬　対　策：半耐寒性で、暖かいところでは冬越しする。
生　　　育：同じ状態が長く保たれる（草姿も安定）ので、手がかからない。ガクが色づくので、見た目がほとんど変わらない。

> 科名／属名：シソ科、アキギリ属（サルビア属）
> 開花期：7〜11月　花色：青紫、白、複色

草丈＊中型

センニチコウ

| 一年草 | 草丈〈中型〉20〜100cm |

ドライフラワーとしても広く利用され、色があせない。長く伸びた茎の先端に花がつき、霜が降りるまで咲き続ける。花壇に散植してもよく、広い所ならまとめて植えると壮観。黄花のオランダセンニチはスピランテス属で、卵ボール（エッグボール）と呼ばれる。

❯❯ 育て方・管理

入　　　手：5〜8月／ポット苗。
　　　　　　通年／種子。
植えつけ：5〜8月。
環　　　境：日当たりと水はけのよい所。日陰では育たない。
種子まき：4〜6月。発芽適温20〜25℃。直まき、またはポットにまいて育てる。綿毛を取り除いたクリーンシードを使用すると発芽がしやすい。
水　や　り：庭植えはしっかり根が張れば、ほとんど不要。鉢植えは表土が乾いたらたっぷり。過湿に注意。
肥　　　料：庭植えはほとんど不要。鉢植えは5〜10月に緩効性肥料を月1回与える。
手　入　れ：不要。
殖やし方：種子まき（5〜8月）、挿し芽（5〜7月）など。
夏　対　策：不要。
冬　対　策：地域によっては冬越しする。
生　　　育：枝分かれしながら次々と花を咲かせ、株も大きく育っていく。

> 科名／属名：ヒユ科／センニチコウ属（ゴンフレナ属）
> 和名：センニチコウ（千日紅）、キバナセンニチコウ（黄花千日紅）　※実際の花色は緋色〜橙色
> 開花期：7〜11月（5〜6月は温室栽培の苗）
> 花色：赤、桃、橙、白

PART 3　育てやすい草花図鑑

ジニア

| 一年草 | 草丈〈中型〉10～100cm |

花もちは抜群。花びらが散ることもなく、長く観賞できる。
大輪から小輪まで、カラフルで力強いホットカラーが魅力。
ホソバヒャクニチソウ（リネアリス）は
這い性でコンパクト。

科名／属名：キク科／ヒャクニチソウ属（ジニア属）
和名：ヒャクニチソウ（百日草）
開花期：5～11月上旬
花色：白、赤、桃、橙、黄、緑、複色

》**育て方・管理**

入　　　手：4～10月／ポット苗。
　　　　　　通年／種子。
植えつけ：4～10月。
環　　　境：日当たりと水はけのよい所。
種子まき：3～7月。発芽適温20～25℃。直まき、またはポットにまいて育てる。
水 や り：庭植えは葉がしおれたらたっぷり。鉢植えは表土が乾いたらたっぷり。
肥　　　料：庭植えはほとんど不要。鉢植えは5～10月中旬に緩効性肥料を月1回ずつ与える。
手 入 れ：エレガンス（直立タイプ）は花がら摘みを兼ねた切り戻し。リネアリスやハイブリッド（交配種）の這い性タイプは、ハンギングにも利用可。8月中旬に草丈の1/3まで切り戻す。
殖やし方：種子まき（3～7月）、挿し芽（5～7月）で殖やす。
夏 対 策：不要。
冬 対 策：冬は枯れるので対策不要。
生　　　育：分枝して次々と花を咲かせながら、株が大きく育っていく。

サルビア・スプレンデンス

| 一年草扱い | 草丈〈中型〉30～50cm |

燃えるような花でインパクトが強く、
遠くからでもよく目立つ。
秋の深まりと共に一段と鮮やかさを増す。
品種が多く、パステルカラーのやさしい花もある。

》**育て方・管理**

入　　　手：4～10月／ポット苗。
　　　　　　通年／種子。
植えつけ：4～5月。
環　　　境：日当たりと水はけのよい所。
種子まき：4～6月。発芽適温20～25℃。直まき、またはポットにまいて育てる。
水 や り：庭植えはしっかり根が張れば、ほとんど不要。葉がしおれたら与える。鉢植えは、表土が乾いたらたっぷり。
肥　　　料：庭植えはほとんど不要。鉢植えは、4月下旬～6月、9月下旬～10月に月1回の液体肥料（または、月1回ずつ緩効性肥料）を与える。
手 入 れ：花後に花がら切り、切り戻し。梅雨期（6～7月）に1/2くらいに切り戻すと、秋の見映えがよい。
殖やし方：種子まき（4～6月）で殖やす。挿し芽（5～7月）も可。
夏 対 策：高温期は花が咲きにくいので対策不要。
冬 対 策：5℃以上で冬越しする。
生　　　育：ガクが色づいて長く残り、花が散っても観賞可。

科名／属名：シソ科／アキギリ属（サルビア属）
和名：ヒゴロモソウ（緋衣草）
開花期：7～11月　花色：赤、桃（サーモンとローズ）、白（ガクやサヤが淡黄）、紫、複色（赤と白）

コリウス

| 一年草 | 草丈〈中型〉20〜80cm |

※花穂が長く伸びる品種もある

カラフルで変化に富んだ色彩と紋様が特徴。日陰にも向き、花の少ない時季をカバーしてくれ、グラウンドカバーとしても使いやすい。大型から小型、這い性のものまで品種が多く、場所によって使い分ける。

≫育て方・管理

入　　　手：4〜10月／ポット苗。4〜5月は温室栽培の苗が流通。通年／種子。品種が限られる。
植えつけ：5月中旬〜7月、根鉢を崩さずに植えつける。
環　　境：日当たりと風通しのよい所。真夏は明るい日陰がよい。
種子まき：4〜6月。発芽適温20〜25℃。ポット、または育苗箱にまいて育てる。好光性種子。
水やり：庭植えはしっかり根が張れば、ほとんど不要。葉がしおれたら与える。鉢植えは表土が乾いたらたっぷり。
肥　　料：庭植えはほとんど不要。鉢植えは5月中旬〜9月に緩効性肥料を月1回ずつ、または液体肥料を月2〜3回ずつ与える。
手入れ：花芽を摘んで咲かせない。2週間に1回摘芯をして形を整えてもよい。
殖やし方：挿し木（5〜9月）で殖やす。水挿しでも発根。
夏対策：品種によって葉焼けすることもあるので、半日陰にする。
冬対策：冬は枯れるので対策不要。
生　　育：摘芯して側枝を伸ばすと、こんもり丸く茂る。

> 科名／属名：シソ科／コリウス属（プレクトランサス属）
> 和名：キンランジソ（金襴紫蘇）
> 別名：ニシキジソ（錦紫蘇）
> 観賞期：4〜11月　観葉：混色

コキア

| 一年草 | 草丈〈中型〉80〜100cm |

※30〜80cm、50〜100cmの品種もある

きれいに刈り込んだコニファーのような形で、生垣のようにも使える。明るいライトグリーンがさわやかで、秋の紅葉は特に美しい。こぼれ種子で毎年出てくる。

≫育て方・管理

入　　　手：5〜9月／ポット苗。通年／種子。
植えつけ：5〜9月。
環　　境：日当たりと水はけのよい所。
種子まき：4〜5月。発芽適温20℃くらい。直まき、またはポットにまいて育てる。
水やり：庭植えはしっかり根が張れば、ほとんど不要。鉢植えは表土が乾いたらたっぷり。過湿に注意。
肥　　料：庭植えはほとんど不要。鉢植えは6〜8月に月1回の置き肥か、月3回くらい液体肥料を与える。
手入れ：間引きをして株数を減らし、風通しをよくする。草ボウキにするには、8月下旬頃に刈り取り、陰干しにする。
殖やし方：種子まき（4〜5月）で殖やす。6〜7月にまくと、小さな株に仕上がる。
夏対策：不要。
冬対策：冬は枯れるので対策不要。
生　　育：移植を嫌うので、根を切らないように注意。

> 科名／属名：ヒユ科／ホウキギ属（バッシア属）
> 和名：ホウキギ（ハナホウキギ）
> 別名：イソボウキ、イソホウキギ、ホウキグサ、サマーサイプレス
> 観葉：7〜9月（緑葉）、10〜11月（紅葉）。食用（トンブリ）の品種や系統は、美しく紅葉することはほとんどない
> 花色：花は目立たない

PART 3　育てやすい草花図鑑

リコリス類

| 球根類 | 草丈〈中型〉30〜40cm |

ヒガンバナの仲間で品種も多い。
毎年同じ時期にいっせいに咲く季節感のある花。
花が終わった後に葉が出てくる。

ナツズイセン

≫ 育て方・管理

入　　手：通年／ポット苗。流通が少ない。
　　　　　8〜9月／球根。7月以降から通信販売で入手可。
植えつけ：6月中旬〜10月中旬。
環　　境：日当たりと水はけのよい所。半日陰でも育つものも。
水やり：庭植えはしっかり根が張れば、ほとんど不要。
　　　　　鉢植えは表土が乾いたらたっぷり。過湿に注意。
肥　　料：庭植え・鉢植えともに、秋の花後と春、それぞれ1回
　　　　　ずつ、緩効性肥料を与える。球根用の肥料が利用しや
　　　　　すい。夏の間は不要。
手入れ：花後は、花首で折り取る。
殖やし方：葉が黄変したら、分球（6〜8月）で殖やす。
夏対策：不要。鉢植えは日陰がよい。
冬対策：不要。品種により、やや弱いものもある。
生　　育：花が咲いた後に葉が出る。秋出葉型と春出葉型がある。

'真夏のクリスマス'

> 科名／属名：ヒガンバナ科／ヒガンバナ属（リコリス属）
> 別名：ヒガンバナ（彼岸花）、マンジュシャゲ（曼珠沙華）など
> 開花期：8〜9月
> 花色：橙、赤、桃、黄、白、藤、青、複色

ユーコミス

| 球根類 | 草丈〈中型〉30〜60cm |

※小型〜大型があるが、中型が多く一般的

パイナップルを細長くしたような
ユニークな花。開花後もしばらくは形が残る。
厚みのある葉を広げ、どっしりとした草姿と
なる。

≫ 育て方・管理

入　　手：4〜6月／ポット苗。
　　　　　3〜5月／球根。
植えつけ：3〜6月。
環　　境：日当たりのよい所。半日陰でも栽培可。
水やり：庭植えはほとんど不要。鉢植えは表土が乾いたらたっぷり。
　　　　　乾燥に強い。
肥　　料：庭植えはほとんど不要。鉢植えは生育促進と球根を太らせ
　　　　　るため、5〜6月と9月頃に月1回ずつ緩効性肥料を与え
　　　　　る。球根用の肥料も使いやすく、液体肥料でもよい。
手入れ：花後もしばらく観賞できるが、枯れて見映えが悪くなった
　　　　　ら切り取る。大型種は倒れやすいので支柱が必要。
殖やし方：種子まき（春〜秋）、葉挿し（7月頃）。芽数が増えたら分
　　　　　球（3〜5月）で殖やす。自家採種は可。だが、かなり年
　　　　　数がかかる。
夏対策：不要。
冬対策：冬は休眠する。地中の凍らない所では冬越しする。鉢植え
　　　　　は凍らない所へ移動し、乾燥させておく（水やりは不要）。
生　　育：成長はゆっくりで、あまり手がかからない。

> 科名／属名：キジカクシ科／ユーコミス属
> 別名：（英名）パイナップルリリー
> 開花期：7〜8月　花色：白、桃、紫

バイモ（貝母）

| 球根類 | 草丈〈中型〉30〜40cm |

古くから茶花として親しまれてきた。
花弁の内側に網目模様が入り、
葉の先は巻きひげとなり、他のものにからまる。
ユリ（リリウム属）ではなく、クロユリなどの仲間。

草丈＊中型

育て方・管理

入　　　手：10〜5月／ポット苗。山野草専門店や通信販売で流通。10〜11月／球根。
植えつけ：秋〜春いつでも可（ポット苗）。10〜11月（球根）。
環　　境：庭植えは木陰か日中の直射日光が当たらない（春は日が当たる）、風通しのよい所。鉢植えは生育中には日当たりのよい所で、花後は風通しのよい日陰にする。
水 や り：庭植えはほとんど不要。鉢植えは表土が乾いたらたっぷり。休眠中は表土が乾いたら軽く水を与える。
肥　　料：庭植えは早春に緩効性肥料を1回与える。鉢植えは9月中旬〜10月に元肥（緩効性肥料）を与える。萌芽から開花まで、液体肥料を2週間に1回与える。
手 入 れ：花後は花首から切り取る。
殖やし方：分球（10月頃）で殖やす。
夏 対 策：夏は地上部が枯れ、休眠する。
冬 対 策：地中の球根は冬越しするので対策不要。
生　　育：春に芽が出て開花。球根だが、掘り上げて乾燥させると弱る。植えっ放しがよい。

科名／属名：ユリ科／バイモ属（フリチラリア属）
別名：アミガサユリ（フリチラリア・ツンベルギー）
開花期：4〜5月　　花色：淡黄緑

ウインター・グラジオラス

| 球根類 | 草丈〈中型〉30〜40cm |

グラジオラスを小型にしたような姿で、
晩秋から初冬の庭を明るく彩る。
球根と宿根草の性質を併せもち、常緑性。

科名／属名：アヤメ科／ヘスペランサ属
別名：シゾスティリス
開花期：11〜12月　　花色：赤、桃、白

育て方・管理

入　　　手：9〜10月、4〜5月／ポット苗。
植えつけ：春が適期で、秋も植えつけ可。
環　　境：日当たりと水はけのよい所。夏は日陰でもよい。
水 や り：庭植えはしっかり根が張れば、ほとんど不要。鉢植えは表土が乾いたらたっぷり。乾燥にも多湿にも強い。
肥　　料：庭植えはほとんど不要。鉢植えは生育促進と球根を太らせるため、5〜6月と9月頃に月1回ずつ緩効性肥料を与える。球根用の肥料も使いやすく、液体肥料でもよい。
手 入 れ：花後は枯れた花茎を切り取る。残しておくと、種子が採れる。
殖やし方：株分けして分球（3〜4月が適期、ほぼ通年可）で殖やす。自家採取で種子まき（春か秋）も可。
夏 対 策：不要。
冬 対 策：常緑性。−10℃くらいまで耐える。厳寒地は防寒が必要。
生　　育：寒地は冬期に地上部が枯れる（地中で冬越し）。球根と宿根草の性質を併せもつ。

PART 3　育てやすい草花図鑑　61

ラナンキュラス

| 球根類 | 草丈〈中型〉20〜40㎝ |
※60〜80㎝〈大型〉の切り花向き品種もある

バラの花を思わせるような端正な形が魅力。紙細工のようにも見えるほどで、花は長もちする。花弁がキラキラ光る品種もある。

≫ 育て方・管理

入　　手：12〜3月／ポット苗。開花苗が流通。
　　　　　9〜10月／球根。
植えつけ：10〜12月。そのまま植えると腐るので、ゆっくりと給水させ、球根がふくらんでから植えつける。
環　　境：北風が当たらず、日なたで風通しのよい所。
水 や り：庭植えは表土が乾いたらたっぷり。5月下旬に葉が黄色く変色したら乾かし気味にする。葉がすべて黄色くなったら、水やりを止めて掘り上げて乾かす。鉢植えは鉢植えのまま乾かす。
肥　　料：庭植えは早春に緩効性肥料を根のまわりに与える。鉢植えは冬〜春に月2〜3回の液体肥料を与える。
手 入 れ：3〜5月に花がら切りをする。
殖やし方：球根が割れるようなら分球する。
夏 対 策：夏は地上部が枯れて休眠するので対策不要。
冬 対 策：寒地は防寒が必要。
生　　育：花の咲いたポット苗を利用するのが簡単で便利。翌年も咲かせるには細心の注意が必要。

科名／属名：キンポウゲ科／キンポウゲ（ラナンキュラス）属
和名：ハナキンポウゲ（花金鳳花）
開花期：3〜5月　花色：黄、白、赤、桃、紫、緑、橙、複色

アリウム類

| 球根類 | 草丈〈中型〉10〜120㎝ |

ネギの仲間で多種多様。ネギ坊主と呼ばれるように球状の花を咲かせるものが多く、ダイナミックな草姿。小型から大型まである。宿根タイプもあり、適材適所で本領を発揮。

科名／属名：ネギ科／ネギ属（アリウム属）
開花期：4〜10月。品種によってさまざま。5〜6月に開花するものが多い
花色：白、桃、黄、紫、複色

≫ 育て方・管理

入　　手：春〜秋／ポット苗。一部の品種（小型のイトラッキョウ、宿根性のミレニアムなど）が流通。
植えつけ：10〜11月（球根）。ポット苗は通年可。
環　　境：日当たりと水はけのよい所。
水 や り：庭植えはほとんど不要。鉢植えは表土が乾いたらたっぷり。乾燥に強い。
肥　　料：庭植えはほとんど不要。鉢植えは生育促進と球根を太らせるため、5〜6月と9月頃に月1回ずつ緩効性肥料を与える。球根用の肥料も使いやすく、液体肥料でもよい。
手 入 れ：花後、ドライフラワーとして利用できるものが多い。
殖やし方：分球（夏の休眠中など）で殖やす。種子から育てると開花まで5年くらいかかる。
夏 対 策：品種によりさまざま。
冬 対 策：地中の球根で冬越しするので対策不要。
生　　育：植えっ放しにできるものと、掘り上げて乾燥貯蔵したほうがよいものがあり、その中間タイプも多い。

ホトトギス類

| 宿根草　半日陰 | 草丈〈中型〉30〜100cm |

野鳥のホトトギスの模様に似ていることから、この名がつけられている。茶花としても利用され、奥ゆかしさが感じられる和の花。

≫ 育て方・管理

- 入　　手：3〜10月／ポット苗。
- 植えつけ：3〜4月。秋も可。
- 環　　境：風通しがよく、明るい日陰の所。
- 水 やり：庭植えはほとんど不要。鉢植えは表土が乾いたらたっぷり。
- 肥　　料：庭植えはほとんど不要。鉢植えは春と秋に緩効性肥料を1回ずつ与える。液体肥料を与えてもよい。
- 手入れ：ほとんど不要。摘芯すると枝が増え、こんもり咲く。
- 殖やし方：株分け（春）、挿し芽（5〜6月）で殖やす。
- 夏 対 策：日陰なら不要。
- 冬 対 策：冬は地上部が枯れて休眠するので対策不要。
- 生　　育：タイワンホトトギスや交配種は常緑で、冬も咲くことがある。ただし、寒地では防寒が必要。

科名／属名：ユリ科／ホトトギス属
和名：ホトトギス（杜鵑）
別名：トード・リリー（Toad Lily）
開花期：8〜9月　花色：青、紫、桃、白、黄

ツワブキ

| 宿根草　半日陰 | 草丈〈中型〉40〜60cm |

濃いグリーンで艶のある葉が一年中茂り、晩秋には黄色の花が日陰のコーナーを明るく彩る。日本の海岸近くに自生し、潮風に強い。

≫ 育て方・管理

- 入　　手：ほぼ通年／ポット苗。秋に多く流通する。
- 植えつけ：4月。
- 環　　境：日なたか明るい日陰で、水はけのよい所。幅広い環境に適応。多肥多湿に弱い（潮風に強い）。
- 水 やり：庭植えはほとんど不要。鉢植えは表土が乾いたらたっぷり。
- 肥　　料：庭植えはほとんど不要。春と秋に1回ずつ緩効性肥料を少量与えてもよい。鉢植えは春と秋に、1回ずつ緩効性肥料を与える。
- 手入れ：花後は花茎を切り取る。枯葉は取り除く。
- 殖やし方：株分け（植え替え時）は、古くなった根茎を分けて殖やす。手で割れるが、ハサミを使ってもよい。
- 夏 対 策：不要。
- 冬 対 策：常緑性。寒地では冬の強風に注意。
- 生　　育：成長はゆっくり。何年も植えっ放しでよい。

科名／属名：キク科／ツワブキ属
和名：ツワブキ
別名：ツワ、イシブキ、イソブキ
開花期：10〜12月　花色：黄

PART 3　育てやすい草花図鑑　63

シラン

| 宿根草　半日陰 | 草丈〈中型〉30～50㎝ |

野性味のある花で、すらりと伸びた葉のラインも美しい。丈夫でほとんど場所を選ばず、わずかな用土で育ち、球根が連なるように殖えていく。

≫育て方・管理

入　　　手：4～5月／ポット苗。11月頃に通信販売で入手可。
植えつけ：4～5月、9～10月。
環　　　境：日当たりから半日陰まで、水はけのよい所。
水　や　り：庭植えは雨任せでよい。鉢植えは表土が乾いたらたっぷり。
肥　　　料：庭植えは不要。鉢植えは春と秋に1回ずつ、緩効性肥料を与える。球根用の肥料も使いやすい。
手 入 れ：晩秋、枯れた茎葉を切り取る。
殖やし方：分球（植え替え時）で殖やす。地下球を分けて植えると、2年目には花をつける。
夏 対 策：不要。
冬 対 策：地上部が枯れて休眠。地中の球根で冬越しする。一般のシラン（在来種）は強い。交配種や青花シラン、黄花シラン、姫シランなどは防寒が必要。
生　　　育：年々、芽数が増え、大株に育つ。

科名／属名：ラン科／シラン属
和名：シラン（紫蘭）
別名：紅蘭（こうらん）、白笈（はくきゅう）
開花期：5～6月　花色：赤紫、桃、白

シュウカイドウ

| 宿根草　半日陰 | 草丈〈中型〉30～60㎝ |

球根性ベゴニアの一種で、寒さに強く、植えっ放しでも毎年咲く。古くから人家に住みついている花で、茶花としても利用される。

科名／属名：シュウカイドウ科／シュウカイドウ属（ベゴニア属）
和名：シュウカイドウ（秋海棠）
開花期：9～10月　花色：桃、白

≫育て方・管理

入　　　手：8～10月／ポット苗。
植えつけ：4～10月。
環　　　境：半日陰になる落葉樹の下などで、湿り気のある所がよい。
水　や　り：庭植えは湿り気のある所なら不要。鉢植えは表土が乾いたらたっぷり。
肥　　　料：庭植えは不要。鉢植えは春に緩効性肥料を1回、株のまわりに与える。
手 入 れ：不要。
殖やし方：ムカゴや種子（ともに秋）で殖やす。挿し芽（6～7月）も可。
夏 対 策：強い日差しは葉やけするが、日陰なら問題ない。
冬 対 策：地中の球根で冬越しするので対策不要。
生　　　育：大きな葉を広げて育つ。邪魔になるなら、切り取ってもよい。

シダ類

草丈＊中型

| 宿根草　半日陰 | 草丈〈中型〉40〜60cm（クサソテツなど） |
| 草丈〈小型〉10〜30cm（クジャクシダ、ニシキシダなど） |

品種が多く、室内観葉としても利用される身近な存在。
庭植えには優雅なクジャクシダ、カラーリーフのニシキシダ、
山菜で食用にもなるクサソテツ（コゴミ）などがある。

≫ 育て方・管理

- 入　　手：3〜5月／ポット苗。
- 植えつけ：3〜5月。秋も可。
- 環　　境：夏は日陰。落葉樹の下や建物の陰になる所がよい。
- 水 や り：庭植えはしっかり根が張れば、ほとんど不要。鉢植えは表土が乾いたらたっぷり。
- 肥　　料：庭植えは不要。鉢植えは春に緩効性肥料を1回ずつ与える。
- 手 入 れ：ほとんど不要。
- 殖やし方：株分け（春）で殖やす。
- 夏 対 策：日陰にする。クサソテツは直射日光に強い。
- 冬 対 策：不要。常緑性と落葉性がある。室内観葉のシダ類は寒さに弱い。
- 生　　育：クサソテツは地下茎で広がるので、不要な芽は抜き取る。ニシキシダは先祖返りで緑になった部分は取り除く。

クジャクシダ

クサソテツ

科名／属名：多種多様
観葉：4〜10月（常緑性は通年）

ギボウシ（ホスタ）

| 宿根草　半日陰 | 草丈〈中型〉5〜100cm |

幅広い環境に適応し、落ち着いた緑の空間を
つくり出す。造園材料としても利用が多い。
大・小・葉色など種類のバラエティも豊富。
タマノカンザシのような、
花が美しく香りのよいものも多い。

≫ 育て方・管理

- 入　　手：3〜10月／ポット苗。
- 環　　境：明るい日陰か、午後に日陰になる所。品種によっては強い日差しで葉焼けすることがある。
- 植えつけ：3〜10月。
- 水 や り：庭植えは表土が乾き、葉がしおれたらたっぷり。鉢植えは表土が乾いたらたっぷり。
- 肥　　料：庭植えは不要。鉢植えは春と秋に緩効性肥料を1回ずつ与える。
- 手 入 れ：花後は花茎を切り取る。
- 殖やし方：株分け（3〜4月の植え替え時）で殖やす。2〜3芽で分けるとよい。10〜11月も株分け可。
- 夏 対 策：葉焼けに注意。半日陰で育てる。
- 冬 対 策：冬は落葉して休眠するので対策不要。
- 生　　育：品種によって草丈（小型〜大型）が異なるので、場所を選ぶ（生育スペースの違いが大きい）。

科名／属名：キジカクシ科（クサスギカズラ科）／ギボウシ属（ホスタ属）
和名：ギボウシ
別名：ウルイ、コーライ、ホーライ、カエルノオンパッパ、オンパク
開花期：5〜9月。種類によりさまざま　　花色：紫、桃、白
観葉：主に葉を鑑賞。斑入りの品種が多い

小型

草丈が〜30cmくらいまでの草花で、庭の前方に配置します。
宿根草は少なめで、一年草と球根類、半日陰に向く植物を紹介します。

'ダブルファンタジー'

ヘレボラス（クリスマスローズ）

| 宿根草　草丈〈小型〉30cm |

寒中に咲く気品に満ちた貴重な花。
可憐でしかもたくましく、花が長もちするので
観賞期間は長い。品種も多くバラエティに富む。

科名／属名：キンポウゲ科／クリスマスローズ属（ヘレボルス属）
別名：レンテンローズ、ヘレボルス・ヒブリドゥス
開花期：2〜4月　花色：白、桃、黒、黄、緑、紫、茶、複色

≫育て方・管理

- 入　　手：10〜4月／ポット苗。
- 環　　境：半日陰が適するが、適応範囲は広い。落葉樹で夏の間は日陰になる所や、家の東側などがよい。
- 植えつけ：10〜11月、3〜4月。
- 水 や り：庭植えはしっかり根が張れば、ほとんど不要。鉢植えは表土が乾いたらたっぷり。
- 肥　　料：庭植え・鉢植えともに、春と秋に緩効性肥料を1回ずつ与える。
- 手 入 れ：花後は花茎を切り取る。蕾が出てきたら古い葉を切り取る。
- 殖やし方：秋まき。発芽は翌春。
- 夏 対 策：強い日差しは避ける。鉢植えは日陰へ移動。
- 冬 対 策：ほとんど不要。鉢植えは強風に注意。
- 生　　育：年々少しずつ大きくなる。鉢植えは根づまりするので、数年ごとに秋に植え直しをするとよい。

**多弁ダブル
アプリコット系　ピコティ系**

八重咲きで花弁数が多い。濃いピンクのピコティ（縁取り）があり、とても豪華。

'ブラックスワン'

八重咲きのマットなブラック。メリクロン品種なので、丈夫で育てやすい。

ベロニカ（小型種）

| 宿根草 | 草丈〈小型〉10〜30cm |

這うように広がるものから、こんもりとした草姿のものまで、いくつかの種類がある。いずれも目の覚めるような深みのある濃いブルーの花が魅力。

トウテイラン（秋咲き）

≫育て方・管理

- 入　　　手：3〜6月／ポット苗。
- 環　　　境：日当たりと水はけのよい所。
- 植えつけ：3〜6月。
- 水 や り：庭植えは根づくまで乾いたら与える。鉢植えは表土が乾いたらたっぷり。
- 肥　　　料：庭植え・鉢植えともに、春と秋に緩効性肥料をそれぞれ1回ずつ与える。ポットで育苗中は液肥を与える。
- 手 入 れ：花後は花茎を切り取り、半分くらいに刈り込む。
- 殖やし方：株分け（10月頃）、挿し芽（5〜6月）で殖やす。
- 夏 対 策：蒸れないよう、風通しと水はけをよくする。
- 冬 対 策：不要。春の開花には、冬の寒さが必要。
- 生　　　育：横へ広がるようにして大株に育つ。数年ごとに株分けして植え直すとよい。

科名／属名：オオバコ科／クワガタソウ属（ベロニカ属）
和名：ルリトラノオ
別名：ウピードウェル、スピードウェルなど
開花期：5〜10月　花色：青、紫、桃、白

ヒルザキツキミソウ

| 宿根草 | 草丈〈小型〉20〜40cm |

カップ型の花があふれるように咲き、明るい雰囲気。やせ地でもよく育ち、草丈が低く広がるので、グラウンドカバーにも向く。

≫育て方・管理

- 入　　　手：4〜6月／ポット苗。黄花の交配種エノテラ・アフリカンサンは流通が多い。通年／種子。流通は少ない。
- 環　　　境：日当たりと水はけのよい所。やせ地でもよく育って咲く。
- 植えつけ：4〜6月。秋も可。
- 水 や り：庭植えはしっかり根が張ればほとんど不要。鉢植えは表土が乾いたらたっぷりと。
- 肥　　　料：庭植えはほとんど不要。ポットで育苗中は液体肥料を与える。鉢植えは春と秋に月1回くらい緩効性肥料を与える。
- 手 入 れ：花後は半分くらいに刈り込む。
- 殖やし方：挿し芽は春か秋、株分けや根伏せも春か秋で殖やす。
- 夏 対 策：枝透かしをし、蒸れないよう注意。
- 冬 対 策：地中の芽や根で冬越し。暖地は常緑性。

科名／属名：アカバナ科／マツヨイグサ属
別名：エノテラ・スペシオサ
開花期：5〜6月　花色：桃、白

PART 3　育てやすい草花図鑑　67

ゲラニウム'ステファニー'

ゲラニウム・インカナム

科名／属名：フウロソウ科／フウロソウ属
別名：ゲラニューム
開花期：5〜6月が多い　花色：青、紫、赤、桃、白

ゲラニウム

| 宿根草 | 草丈〈小型〉10〜60cm |

ゼラニウムと区別するため、
ゲラニウムと呼ぶことが多い。
自然の野山に咲く可憐な花を思わせる。
アケボノフウロは耐暑性も強く育てやすい。

≫育て方・管理

入　　手：10〜11月、3〜5月／ポット苗。
環　　境：日当たりと水はけのよい所。
植えつけ：春と秋。
水 や り：庭植えはしっかり根が張れば不要。鉢植えは表土が乾いたらたっぷり。
肥　　料：庭植え・鉢植えともに、春と秋に緩効性肥料をそれぞれ1回ずつ与える。ポットで育苗中は液肥を与える。
手 入 れ：花後は、花茎を切り取る。
殖やし方：株分け（10〜11月、3月も可）で殖やす。
夏 対 策：鉢植えは半日陰へ移動。
冬 対 策：不要。
生　　育：品種により、草姿はさまざま。開花期も異なる。

ユーフォルビア

| 宿根草 | 草丈〈小型〉20〜80cm　※中型もある |

多肉から一年草まで、幅広く多様なユーフォルビア。
なかでも宿根性の種類は特異な姿で、
独特な雰囲気を醸し出す。草丈の低いマツバトウダイ
の類は花壇の縁取りにもよい。

≫育て方・管理

入　　手：ほぼ通年／ポット苗。春に多く流通。
環　　境：日当たりと水はけのよい所。
植えつけ：3〜5月、10〜11月。
水 や り：庭植えはほとんど不要。鉢植えは表土が乾いたらたっぷり。夏は乾かし気味にする。
肥　　料：庭植え・鉢植えともに、春と秋に緩効性肥料をそれぞれ1回ずつ与える。ポットで育苗中は液肥を与える。
手 入 れ：花がらを切り取り、古くなった茎は新しい茎（芽）に更新していくとよい。
殖やし方：挿し芽、株分け、種子まきで殖やす（いずれも4〜7月頃）。
夏 対 策：暑さには強いが、多湿に注意。
冬 対 策：多肉やダイヤモンドスノーなどは、寒さに弱い。
生　　育：常緑性と落葉性がある。

科名／属名：トウダイグサ科／トウダイグサ属（ユーフォルビア属）　和名：トウダイグサ（灯台草）ほか
開花期：4〜7月
花色：赤、オレンジ、白、紫（苞の色）、黄、緑、（葉の色）。
花は地味だが、苞や葉が色づく

ユーフォルビア・ウルフェニー

タツタナデシコ

カワラナデシコ

ダイアンサス

| 宿根草 | 草丈〈小型〉10〜60cm |

日本のカワラナデシコから欧州、
中国などの種類まで、それぞれに持ち味があり、
甘くやさしい香りにもいやされる。
交配品種も多数。

科名／属名：ナデシコ科／ナデシコ属（ダイアンサス属）
和名：ナデシコ（撫子）
開花期：4〜6月、（9〜10月）
花色：赤、桃、白、黄、複色、黒

≫ 育て方・管理

- 入　　　手：ほぼ通年／ポット苗。通年／種子。
- 環　　　境：日当たりと水はけがよい所。
- 植えつけ：通年（春と秋が適期）。根鉢を崩して植える。
- 種子まき：春と秋。発芽適温20℃くらい。直まき、またはポットに植える。
- 水 や り：庭植えはほとんど不要。鉢植えは表土が乾いたらたっぷり。
- 肥　　　料：庭植えはほとんど不要。鉢植えは春と秋に緩効性肥料を1回ずつ与える。液体肥料を数回に分けて与えてもよい。
- 手入れ：開花後は株元の葉を残して刈り込む。
- 殖やし方：挿し芽（開花後）、株分け（秋）、種子まき（春と秋）で殖やす。
- 夏 対 策：蒸れないよう、風通しと水はけをよくする。刈り込みや枝透かしを行い、混みすぎないよう注意。
- 冬 対 策：常緑性。対策不要。
- 生　　　育：古株ほど枯れやすいので、2〜3年ごとに植え直しや株の若返り、更新を行うと確実。

草丈＊小型

'多摩の流れ'

シバザクラ

| 宿根草 | 草丈〈小型〉10〜20cm |

グラウンドカバープランツの代表格。
一面花でおおわれ、カーペットのよう。
春らしい華やかさがあり、
広いところから小さなスペースまで
幅広く利用できる。

科名／属名：ハナシノブ科／フロックス属
別名：モスフロックス
開花期：4月　花色：赤、桃、白、青、紫、複色

≫ 育て方・管理

- 入　　　手：2〜5月／ポット苗。
- 環　　　境：日当たりと水はけがよい所（斜面可）。
- 植えつけ：3〜5月。
- 水 や り：庭植えは根づくまでは乾いたら与える。鉢植えは表土が乾いたら与える。
- 肥　　　料：庭植えは無肥料でも育つ。鉢植えは秋に緩効性肥料を与えると生育がよい。
- 手入れ：花後、伸びすぎた所を軽く刈り込む。
- 殖やし方：挿し芽か株分け（10月頃）で殖やす。
- 夏 対 策：蒸れないよう、風通しと水はけをよくする。
- 冬 対 策：常緑性。対策不要。
- 生　　　育：這うように広がる。雑草対策は必要。

PART 3　育てやすい草花図鑑　69

イチゴ類（ストロベリー）

| 宿根草 | 草丈〈小型〉10～20cm |

花は白だけでなく、赤や桃色の鮮やかな花を次々と咲かせ、果実と花の両方が楽しめる。
常緑性で品種も多数。
小型のワイルドストロベリーは野生的。

科名／属名：バラ科／フラガリア属（オランダイチゴ属）
開花期：3～5月。交配種が主に栽培される（四季咲き品種もある）。斑入葉や黄金葉の品種も流通
花色：赤、桃、白（果実も利用）

》育て方・管理

入　　手：秋～春／ポット苗。3～5月に多く流通（特に花の美しい品種）。
　　　　　通年／種子。ワイルドストロベリーなどが流通。
環　　境：日当たりと水はけのよい所。
植えつけ：10～4月。
収　　穫：5月中旬～6月上旬。
種子まき：春か秋。発芽適温15～20℃。直まき、またはポットにまく。
水 や り：庭植えはしっかり根が張れば不要。
　　　　　鉢植えは表土が乾いたらたっぷり。
肥　　料：庭植え・鉢植えともに、夏を除いて月1回少しずつ与える。粒状または液体肥料でもよい。
手 入 れ：果実は古くなるとカビが生えるので、早めに切り取る。
殖やし方：株分け（10月頃）で殖やす。ランナーが出るものは、切り分けて殖やす。
夏 対 策：庭植えはレイズドベッドなど、一段高い所に植えておくと夏越しが容易（石垣イチゴのようにしてもよい）。鉢植えは高温多湿の蒸れに弱いので、風通しのよい半日陰に移動する。
冬 対 策：不要。
生　　育：古株ほど生育が衰えてくるので、ランナーのある苗で更新していくとよい。

クリサンセマム（菊）

| 宿根草 | 草丈〈小型〉20～30cm |
※中型、大型種もある

秋の花壇には欠かせない日本の花。
野菊、ガーデンマム、観賞菊など、
大輪から小輪まで草姿や花形もさまざま。
用途が広く、いろいろな組み合わせができる。

科名／属名：キク科／クリサンセマム属（デンドランテマ属）　別名：マム
開花期：10～11月が多い。夏菊や寒菊もある
花色：赤、桃、橙、黄、白、緑、複色

》育て方・管理

入　　手：ほぼ通年／ポット苗。春と秋に多く流通。株分苗、冬至芽、挿し芽苗などもあり。
環　　境：日当たりと水はけのよい所。
植えつけ：3～6月、9～11月。ほぼ通年可。ポット苗は根鉢を崩して植える。
水 や り：庭植えはほとんど不要。鉢植えは表土が乾いたらたっぷり。
肥　　料：庭植え・鉢植えともに、緩効性肥料を1回ずつ与える。ポットで育苗中は液肥を与える。観賞菊などは、定期的に月1～2回与え、肥料切れに注意。
手 入 れ：6～7月に摘芯・切り戻し・台刈りを行うと、草丈低くこんもりとなり、たくさん花が咲く。
殖やし方：挿し芽（4～7月）、株分け（3～5月）で殖やす。冬至芽（地下茎）は、冬の間に切り分けて植えることもできる。
夏 対 策：不要。
冬 対 策：不要。
生　　育：鉢植えは毎年3～5月に株分けして植え直すと生育がよい。

ノジギク

ブルーデージー

| 木質化する多年草 | 草丈〈小型〉20〜50㎝ |

青空の一部を切り取ったような鮮やかなブルーの花。
中心部の黄色とのコントラストでさらに映える。
冬の鉢花として利用が多い。斑入り葉の品種も利用が多い。

科名／属名：キク科／ルリヒナギク（フェリシア）属
別名：ブルーデイジー
開花期：3〜5月、10〜12月
花色：青、白

≫ 育て方・管理

- 入　　手：10〜5月／ポット苗。
- 植えつけ：3〜4月、10〜12月。
- 環　　境：日当たりと水はけのよい所。高温多湿の蒸れに注意。
- 水 や り：庭植えはしっかり根が張れば、ほとんど不要。鉢植えは表土が乾いたらたっぷり。
- 肥　　料：庭植えは秋と春に1回ずつ緩効性肥料を与える。鉢植えは3〜6月、9〜11月に緩効性肥料を1回ずつ与える。月1回の液体肥料でもよい。
- 手 入 れ：花後は枯れた花茎を切り取る。6月に半分くらいの高さまで切り戻す。
- 殖やし方：挿し木（春か秋）で殖やす。
- 夏 対 策：蒸れないよう、多湿にならないよう、風通しをよくする。混みすぎに注意。挿し芽（6月）で、株の更新をするのもよい。
- 冬 対 策：凍らないようにする。
- 生　　育：枝分かれしながら、低木状に育つ。花が咲いても、夜や雨天には閉じる。

シロタエギク

| 木質化する多年草 | 草丈〈小型〉10〜60㎝ |

花壇の縁取りなど、冬期の葉物として重宝する。
パンジー、ビオラ、ハボタンなどと組み合わせてもよい。
綿のようなフワフワとした感触のシルバーリーフプランツ。
花は咲かせず、切り戻して観葉とするほうがよい。

科名／属名：キク科／セネシオ属
和名：シロタエギク（白妙菊）
別名：ダスティーミラー
開花期：6〜7月。通年観葉。花は咲かせず、切り戻して観葉としたほうがよい
花色：黄

≫ 育て方・管理

- 入　　手：ほぼ通年／ポット苗。特に春と秋に流通。通年／種子。
- 植えつけ：通年。
- 環　　境：日当たりと水はけのよい所。
- 種子まき：3〜5月、9〜10月。発芽適温15〜20℃。ポットにまく。
- 水 や り：庭植えはしっかり根が張れば、ほとんど不要。鉢植えは表土が乾いたらたっぷり。
- 肥　　料：庭植え・鉢植えともに、ほとんど不要。春と秋に緩効性肥料を株のまわりにまく。
- 手 入 れ：花後は花茎を切り取る。
- 殖やし方：主に実生で殖やす。挿し芽（春と秋）でも可。
- 夏 対 策：風通しをよくする。カラッとした暑さには強い。
- 冬 対 策：−5℃くらいまで耐える。秋のうちにしっかり根づかせておくとよい。寒地でも、地中の芽で冬越しすることが多い。
- 生　　育：低木状に伸びるので、摘芯や切り戻しで低くしておくとよい。古株になるほど枯れやすく、生育も悪くなるので、新しく苗を植えるのが確実。

草丈＊小型

PART 3　育てやすい草花図鑑　71

'グランドキャニオン'

オステオスペルマム

| 木質化する多年草 | 草丈〈小型〉20〜80cm |

虹を思わせるような変化に富んだ色彩で、
グラデーションと花色の移ろいが楽しめる。
新品種が続々と登場し、八重咲きも多い。

科名／属名：キク科／オステオスペルマム属
別名：アフリカンデージー
開花期：主に春。1月中旬〜5月
花色：紫、白、橙、黄、桃、複色

≫育て方・管理

入　　手：10〜5月／ポット苗。開花苗、鉢物（大鉢）も流通する。
植えつけ：10〜5月。
環　　境：日当たりと水はけのよい所。
水 や り：庭植えはしっかり根が張れば、ほとんど不要。鉢植えは表土が乾いたらたっぷり。
肥　　料：庭植えはほとんど不要。鉢植えは9月中旬〜5月に、置き肥なら3か月に1回、液体肥料なら月1回与える。
手 入 れ：梅雨前に刈り込んで蒸れないようにする。混みすぎに注意。
殖やし方：挿し芽（5〜6月）で殖やす。
夏 対 策：蒸れないように、水はけ、風通しをよくする。
冬 対 策：−2℃くらいまで耐える。寒地では防寒が必要。
生　　育：枝分かれして、花を次々と咲かせながら、低木状に育つ。

'デジーホワイト'

目にまぶしい純白の花。手入れ（ピンチ）しなくても、次々に枝分かれする。

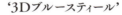

'3Dブルースティール'

中心が盛り上がって咲くので「3D」。多花性でコンパクトにまとまりコンテナにも向く。

'パッションモンスター'

黄色から桃色のグラデーションが目を引き、ひと株にたくさんの花が咲く。

ワスレナグサ

| 一年草扱い | 草丈〈小型〉10～30cm |

小さいながらも印象に残る花で、世界中で愛されている。
野生味があり、静かな気品も感じられる。
春の花壇に自然に溶け込む。

科名／属名：ムラサキ科／ワスレナグサ属
和名：ワスレナグサ（忘れな草）
開花期：3月下旬～6月上旬　花色：青、桃、白

≫育て方・管理

入　　　手：3～4月／ポット苗。3月上旬から開花苗が流通する。
　　　　　　通年／種子。
植えつけ：3～4月頃。秋も可。
環　　　境：風通しがよい日なた。水はけがよく、乾燥しない所。
種子まき：9～10月。発芽適温15～20℃。直まき、またはポットにまく。
水　や　り：庭植えはしっかり根が張れば、ほとんど不要。鉢植えは表土が乾いたらたっぷりと。過湿に注意。乾燥にも弱い。
肥　　　料：庭植えは2月下旬～5月に元肥・追肥、9月下旬～11月上旬に元肥を与える。元肥は緩効性肥料、追肥は液体肥料が使いやすい。多肥に注意。鉢植えは月1回液肥を与える。
殖やし方：種子まき（9～10月）で殖やす。
夏　対　策：夏は枯れるので対策不要。
冬　対　策：不要。
生　　　育：花を次々と咲かせながら株が多くなり、草丈も高く育つ。

草丈＊小型

ロベリア

| 一年草扱い | 草丈〈小型〉10～20cm |

※根張りが大きく、30cmになる品種もある

蝶のような花が、株をおおうように咲き続ける。
ブルー系の花色が多く、さわやかな印象。
こんもりと茂るタイプから枝垂れるものまで、
品種もさまざま。ここで紹介するのは、
花壇で利用の多い一般的なロベリアで、
苗の流通も多いタイプ。

科名／属名：キキョウ科／ミゾカクシ属（ロベリア属）
別名：ルリチョウソウ
開花期：4～6月（在来種）、3月下旬～11月上旬。ハイブリッド、交配種（耐暑性があり、長く咲き続ける）
花色：赤、青、桃、白、紫、複色

≫育て方・管理

入　　　手：3～6月／ポット苗。
　　　　　　通年／種子（在来種）。
植えつけ：3月中旬～4月中旬、9月中旬～10月。
環　　　境：日当たりと水はけのよい所。真夏の強い西日は避ける。鉢植えは夏に風通しのよい半日陰へ移動。
種子まき：9～10月。発芽適温15～20℃。ポットにまく。または育苗箱にまいてもよい（種子は細かい）。冬期は凍らないように注意。
水　や　り：庭植えはしっかり根が張れば、ほとんど不要。鉢植えは表土が乾いたらたっぷり。過湿に注意する。
肥　　　料：庭植えはほとんど不要。鉢植えは月1回、液体肥料を与える。
手　入　れ：梅雨頃、花後に切り戻せば夏越しできる。混みすぎると蒸れて腐りやすい。
殖やし方：種子まき（9～10月）、挿し芽（4～6月）で殖やす。
夏　対　策：鉢植えは半日陰へ移動。
冬　対　策：凍らないよう注意。
生　　　育：分枝が多く、自然にこんもり茂る。伸びすぎるようなら、刈り込む。

PART 3　育てやすい草花図鑑　73

リナリア・マロッカナ
（姫金魚草）

| 一年草 | 草丈〈小型〉20～40cm |

金魚のような独特の花形で愛嬌があり、花が踊っているよう。スマートな草姿で、他の花とも合わせやすく、花壇のすき間に点在させてもよい。リナリア属は150種あり、多様。宿根草から一年草まであり、日本にも自生している。

科名／属名：オオバコ科／ウンラン属（リナリア属）
和名：ヒメキンギョソウ
開花期：4～5月。2～3月にも温室栽培の開花苗が流通
花色：赤、白、桃、黄、紫、複色

≫ **育て方・管理**

入　　手：2～4月／ポット苗。通年／種子。
植えつけ：2～4月。
環　　境：風通しがよく、日当たりと水はけのよい所。
種子まき：9～11月（寒地は3～4月）。発芽適温15～20℃。直まき、またはポットにまく。
水 や り：庭植えはしっかり根が張れば、ほとんど不要。鉢植えは表土が乾いたらたっぷり。過湿に注意。
肥　　料：庭植えはほとんど不要。鉢植えは生育中に月1回、液肥を与える。
殖やし方：種子（9～11月、早春）で殖やす。
夏 対 策：夏は枯れるので対策不要。
冬 対 策：不要。
生　　育：移植を嫌う。直まきかポットで育苗し、根を切らないように植える。

ユーフォルビア
（'ダイヤモンドフロスト'等）

| 一年草扱い | 草丈〈小型〉10～30cm |

カスミソウのような小花（苞）が、ほぼ一年中咲き続ける。ほかの花の引き立て役として重宝する。暑さに強く、冬に凍らないようにすれば、毎年観賞できる。

≫ **育て方・管理**

入　　手：春～秋／ポット苗。通年／種子。品種は限られる。
植えつけ：4～10月。
環　　境：日当たりと水はけのよい所。
種子まき：5～9月。発芽適温25℃くらい（20℃以上がよい）。直まき、またはポットにまく。
水 や り：庭植えはしっかり根が張れば、ほとんど不要。鉢植えは表土が乾いたらたっぷり。夏は過湿に注意。
肥　　料：庭植えはほとんど不要。鉢植えは4～5月、10月に化成肥料を与える。
手 入 れ：花がら切り、切り戻し、株の更新をする。
殖やし方：株分け（春～秋）、挿し芽（春～秋）、種子まき（5～6月）で殖やす。
夏 対 策：多湿に注意。
冬 対 策：寒さに弱いので、5℃以上を保つ。
生　　育：花を次々と咲かせながら、大きく育つ。切り戻しのときに出る白い液は、かぶれるので注意。枝を切るときは手袋をする。

科名／属名：トウダイグサ科／トウダイグサ属（ユーフォルビア属）
開花期：四季咲き性　花色：白（苞）

プリムラ類

| 一年草扱い | 草丈〈小型〉5〜20cm |

冬花壇の定番品目。色とりどりで華やか。地面をおおうようにこんもりと咲き、安定した草姿でバランスがよい。蒸れないよう工夫すれば、夏越しして宿根となる。

科名／属名：サクラソウ科／サクラソウ属（プリムラ属）
別名：プリムラポリアンサ、プリムラジュリアン
開花期：3〜5月、11〜4月。温室栽培のものが早くから流通。一般家庭では3月から開花
花色：桃、赤、白、紫、赤紫、黄、橙、青、薄青、レンガ色、複色

≫ 育て方・管理

- 入　　手：11〜4月／ポット苗。通年／種子。
- 植えつけ：10月。購入したポット苗は、11〜4月に植えつける。
- 環　　境：日当たりがよく、夏は日陰になる所。
- 種子まき：5〜6月、9〜10月。夏は高温のため発芽しにくい。発芽適温15〜20℃。ポットにまく。育苗箱にまいてもよい（細かい種子）。好光性種子なので、コップの水の中でも発芽する。
- 水 や り：庭植えはしっかり根が張れば、ほとんど不要。鉢植えは表土が乾いたらたっぷり。過湿や蒸れに注意。乾燥に弱い。
- 肥　　料：庭植えはほとんど不要。鉢植えは11〜3月に緩効性肥料を2〜3回与える。
- 手 入 れ：花後は茎を切り取る。
- 殖やし方：種子まき（6〜7月）、株分け（涼しくなった10月）で殖やす。市販のポット苗で庭の花壇を彩るのは簡単だが、自分で種子から育てるのは、かなり手間がかかる。他のプリムラ類、マラコイデスなども同様。
- 夏 対 策：日陰の涼しい所で夏越しする。
- 冬 対 策：不要。
- 生　　育：品種によって強弱がある。アブラムシ、灰色カビ病の防除を行う。

プリムラ・マラコイデス　　プリムラ'ホワイトドレス'

パンジー、ビオラ

| 一年草 | 草丈〈小型〉10〜30cm |

秋から春まで長く咲き続ける、手のかからない花。変化に富み、複雑で微妙な色合いも多い。配色次第で、多様なデザインを自由につくれる。

≫ 育て方・管理

- 入　　手：9〜4月／ポット苗。通年／種子。
- 植えつけ：9〜4月。
- 環　　境：日当たりと水はけのよい所。
- 種子まき：7〜10月（寒地では春まきも可）。発芽適温15〜20℃。直まき、またはポットにまく。
- 水 や り：庭植えはしっかり根が張れば、ほとんど不要。鉢植えは表土が乾いたらたっぷり。過湿に注意。
- 肥　　料：庭植え・鉢植えともに、11月中旬〜4月、緩効性肥料を2〜3回与える。月1回くらいの液体肥料でもよい。
- 手 入 れ：鉢やコンテナに植えた場合、花がら摘みをまめにすると、見栄えがよくなる。
- 殖やし方：特にない。
- 夏 対 策：夏は枯れる。冷涼地では残ることもある。
- 冬 対 策：不要。
- 生　　育：長く咲き続ける。放任でもよい。

科名／属名：スミレ科／スミレ属
別名：サンシキスミレ　開花期：10〜5月
花色：白、赤、桃、橙、黄、青、紫、茶、黒、複色

'インシグニスブルー'

ネモフィラ

| 一年草 | 草丈〈小型〉15cm |

青い空を切り取ったような、鮮やかなブルーの
花があふれるように咲く。群れて咲くと
青いカーペットのようで、ひときわ目を引く。

科名／属名：ハゼリソウ科／ネモフィラ属
別名：ルリカラクサ
開花期：4〜5月　花色：青、白、黒紫

≫ 育て方・管理

- 入　　手：2〜4月／ポット苗。
　　　　　　通年／種子。
- 植えつけ：3〜5月。
- 環　　境：日当たりと水はけのよい所。
- 種子まき：秋まき、春まきの両方可能。寒地は3〜4月。発芽適温15〜20℃。直まき、またはポットにまく。
- 水 や り：庭植えはほとんど不要。鉢植えは表土が乾いたらたっぷり。
- 肥　　料：庭植えはほとんど不要。ポットで育苗中は液肥を与える。鉢植えは月1回は液肥を与える。
- 殖やし方：種子まき（春、秋）で殖やす。
- 夏 対 策：夏は枯れるので対策不要。
- 冬 対 策：秋まきは、冬までにしっかり根を張らせる。軽い霜程度には耐えるが、寒地は春まきとする。
- 生　　育：自然にこんもり茂る。

'プラチナホワイト'

希少な品種。輝きのあるシルバーリーフが特徴的で、花がないときも葉を楽しめる。

'クレオパトラ'

中心の紫色が、筆で強く描いたようなイメージ。こんもりよく育つ。

ネモフィラ・マクラタ

花弁の先端に紫色の点が入る。花数がとても多く、育てやすい品種。

ハボタン

| 一年草扱い | 草丈〈小型〉10～30cm |

花に負けない華やかさと端正な形で、冬花壇の彩りに欠かせない存在。組み合わせることでさらににぎやかになり、春の黄色い花も楽しめる。本来は多年草で株を維持しておくと、翌年（来シーズン）には「踊りハボタン」もつくれる。

科名／属名：アブラナ科／アブラナ属（ブラシカ属）
和名：ハボタン（葉牡丹、葉ボタン）
開花期：4月　花色：黄
観葉期：10～4月
葉色：赤、桃、白、淡黄（外側は緑葉）。紫葉は中心部が赤い（中間タイプもあり）

草丈＊小型

≫ 育て方・管理

入　　　手：9～12月／ポット苗。通年／種子。
植えつけ：9～12月。
環　　　境：日当たりのよい所。
種子まき：7～8月。発芽適温20℃くらい（25℃でも発芽する）。直まき、またはポットにまく。
水 や り：庭植えは植えつけ時にたっぷり与えれば、ほとんど不要。鉢植えは表土が乾いたらたっぷり。
肥　　　料：庭植えは、緩効性肥料を1回与える。ポットで育苗中は液体肥料を月1～2回与える。鉢植えは9～3月、2か月に1回、緩効性肥料を与える。
手 入 れ：花後は花茎を切り取れば、踊りハボタンもつくれる。アオムシ類、コナガムシ類がつきやすいので防除する。
殖やし方：種子まき（7～8月）、挿し芽（花後の新芽を使う）で殖やす。
夏 対 策：蒸れに注意。水はけと風通しよくする。
冬 対 策：不要。
生　　　育：同じ草姿を長く保つ。

スイートアリッサム

| 一年草扱い | 草丈〈小型〉10～20cm |

細かな花が房になってびっしりと咲く。コンパクトで花壇の縁取りに適し、コンテナの寄せ植えにも使いやすい。花期が長く、寒さに強い。

≫ 育て方・管理

入　　　手：9～4月／ポット苗。温室栽培の苗は冬期も流通。通年／種子。
植えつけ：2月下旬～4月、9月下旬～11月上旬がよいが、12～1月も可。
環　　　境：日当たりのよい所。
種子まき：9～11月頃。寒冷地は春まきの3～5月頃。発芽適温15～20℃。直まき、またはポットにまく。
水 や り：庭植えはほとんど不要。鉢植えは表土が乾いたらたっぷり。
肥　　　料：庭植えはほとんど不要。鉢植えは秋と春にそれぞれ1回、緩効性肥料を与える。
手 入 れ：春に草姿が乱れたら、草丈の1/3を残して切り戻す。
殖やし方：挿し芽（3～5月）、種子まき（9～5月）で殖やす。
夏 対 策：一年草扱い。冷涼地では夏越しも可。
冬 対 策：不要。
生　　　育：場所によって、こぼれ種子で毎年咲く。

科名／属名：アブラナ科／ニワナズナ属（ロブラリア属）
和名：ニワナズナ（庭薺）
開花期：主に2～5月（四季咲き性）
花色：赤、桃、白、藤、紫、橙

PART 3　育てやすい草花図鑑

キンセンカ

| 一年草 | 草丈〈小型〉5〜60cm |

温かみのある鮮やかなオレンジ色がまばゆいほどで、花びらはハーブとして利用される。小輪のホンキンセンカは耐寒性が特に強く、毎年こぼれ種子で生育・開花する。

≫ **育て方・管理**

入　　手：10〜5月／ポット苗。温室栽培の開花苗が冬に流通するが、家庭園芸では3月頃からの開花が多い。ホンキンセンカは冬でも開花。
　　　　　通年／種子。
植えつけ：9月下旬〜4月。
環　　境：日当たりと水はけのよい所。
種子まき：9〜10月頃。寒地は春まきも可。発芽適温15〜20℃。直まき、またはポットにまく。
水 や り：庭植えはしっかり根が張れば、ほとんど不要。鉢植えは表土が乾いたらたっぷり。過湿に注意。
肥　　料：庭植えはほとんど不要。鉢植えは9月中旬〜4月、緩効性肥料を月2〜3回与える。月1回の液体肥料でもよい。
手 入 れ：花後は花茎を切り取ると見栄えがよく、次の花もきれいに咲く。種子を採取する場合は、花後の花を残す。
殖やし方：種子まき（9〜10月頃）で殖やす。
夏 対 策：一年草、毎年種子をまく。
冬 対 策：不要。
生　　育：枝分かれして、次々に花を咲かせる。

科名／属名：キク科／キンセンカ属（カレンデュラ属）
別名：ポット・マリーゴールド、カレンデュラ
開花期：12〜6月（夏や秋に咲くこともある）
花色：橙、黄、複色

ホンキンセンカ（冬知らず）

マツバボタン

| 一年草扱い | 草丈〈小型〉5〜10cm |

真夏の強い日差しの中、長く咲き続ける。乾燥に強く、コンテナ、花壇、通路わき、飛び石の間など、いろいろな場所で本領を発揮する。同族のハナスベリヒユも同様に利用できる。品種が多く、色とりどりで華やか。

科名／属名：スベリヒユ科／スベリヒユ属（ポーチュラカ属）
和名：松葉牡丹、日照り草、爪切り草
開花期：7〜10月。特に梅雨明け頃から。暖かい所は11月も咲く
花色：赤、橙、桃、黄、白、複色

≫ **育て方・管理**

入　　手：4〜9月／ポット苗。
　　　　　通年／種子。
植えつけ：5〜8月。
環　　境：日当たりがよく、高温で乾燥した所。日陰では育たない。
種子まき：4〜7月。発芽適温20〜25℃。直まき、またはポットにまく。
水 や り：庭植えはほとんど不要。鉢植えは表土が乾いたらたっぷり。多肉なので乾燥に強い。過湿に注意。
肥　　料：庭植えはほとんど不要。鉢植えは5〜9月に月1回の置き肥か、月3回くらいの液体肥料を与える。
殖やし方：種子まき（4月中旬〜6月）、挿し芽（6〜8月）で殖やす。
夏 対 策：不要。
冬 対 策：凍結を防げば、冬越しする。
生　　育：茎は地面を這うように伸びて広がる。グラウンドカバーに向く。

ペチュニア

| 一年草扱い | 草丈〈小型〉10〜30cm |

やさしい色合いから濃いものまで品種が多く、
色とりどりで多彩。開花期間が長く、
季節の花の間のつなぎ役としても利用しやすい。
小輪多花性のカリブラコアも同様で、
幅広い用途がある。

科名／属名：ナス科／ツクバネアサガオ属（ペチュニア属）
和名：ツクバネアサガオ（衝羽根朝顔）
開花期：5〜11月（温室栽培の苗は3〜4月に開花）
花色：赤、桃、青、紫、白、黄、複色

花衣'藍染'

草丈＊小型

≫ 育て方・管理

- 入　　手：3〜9月／ポット苗。通年／種子。
- 植えつけ：3〜9月。ポット苗。
- 環　　境：日当たりと水はけのよい所。
- 種子まき：3〜5月、9〜10月。発芽適温20〜25℃。直まき、ポットか育苗箱にまく。好光性種子。
- 水 や り：庭植えは植えつけ直後、乾かさないよう注意。根がしっかり張ればほとんど不要。鉢植えは表土が乾いたらたっぷり。
- 肥　　料：庭植え・鉢植えともに、3〜11月に緩効性肥料を2か月に1回くらい、液体肥料なら月1〜2回与える。
- 手 入 れ：梅雨前に茎の長さ1/2くらいを切り戻す。蒸れないよう注意。
- 殖やし方：種子まき（3〜5月、9〜10月）。秋まきの場合、冬は暖かい所（温室など）で育てる。挿し芽（3〜7月と9〜10月）で殖やすこともできる。
- 夏 対 策：風通しをよくする。
- 冬 対 策：凍らないようにする。
- 生　　育：花を咲かせながら、茎が大きくなる。分枝も多い。花がらを放置するとカビの原因になるので、切り取る（特に八重咲きの品種）。

ベゴニア・センパフローレンス

| 一年草 | 草丈〈小型〉10〜40cm |

※品種によってかなり異なる。20〜30cmのものが多い

日なたから明るい日陰まで、幅広い環境に適応して乾燥にも強い。
光沢のある葉も美しく、草姿が安定しているので、
立体花壇にもよく利用される。交配品種が多く、さまざま。
センパフローレンス群として扱われる、四季咲きのグループ。

科名／属名：シュウカイドウ科／シュウカイドウ属（ベゴニア属）
和名：四季咲きベゴニア
開花期：4月中旬〜11月。温室内は通年開花　花色：赤、桃、白
観葉：緑〜銅葉〜赤紫

≫ 育て方・管理

- 入　　手：3〜10月／ポット苗。通年／種子。
- 植えつけ：4月下旬〜7月上旬。
- 環　　境：日当たりと水はけのよい所。
- 種子まき：4〜5月。発芽適温20℃くらい。ポットまたは育苗箱にまく。細かい種子で、好光性種子。
- 水 や り：庭植えはしっかり根が張れば、雨任せでよい。鉢植えは表土が乾いたらたっぷり。過湿に注意。
- 肥　　料：庭植え・鉢植えともに、4月下旬〜7月上旬に緩効性肥料か液体肥料を月1回ずつ与える。
- 手 入 れ：夏前に軽く切り戻すとよい。
- 殖やし方：挿し木（春〜初夏、または秋）で殖やす。
- 夏 対 策：できれば半日陰がよい。
- 冬 対 策：一年草扱い。5℃以上なら冬越しする。
- 生　　育：次々と花を咲かせながら、株が大きく植え育っていく（株張りも大きくなる）。紅葉と銅葉を組み合わせてもよい。

PART 3　育てやすい草花図鑑

ビンカ（日々草）

| 一年草 | 草丈〈小型〉10～40cm |

※一部に高性種もある

ぱっちりと開いた可愛らしい花で、夏の日差しに強く、元気に咲き続ける。一日花だが途切れることなく、大輪から小輪まで多様。

≫ 育て方・管理

- 入　　手：5～9月／ポット苗。
　　　　　通年／種子。
- 植えつけ：5～9月。移植を嫌うので、根を切らないようにする。
- 環　　境：日当たりと水はけのよい所。
- 種子まき：4～5月。発芽適温20～25℃。ポットまたは育苗箱にまく。嫌光性種子。
- 水 や り：庭植えはしっかり根が張れば、ほとんど不要。鉢植えは表土が乾いたらたっぷり。過湿に注意。梅雨期の長雨で弱りやすい。
- 肥　　料：庭植えは緩効性肥料を2か月に1回与える。鉢植えは5～10月に薄めの液体肥料を月1～2回、緩効性肥料を2か月に1回くらい与える。
- 手 入 れ：花は自然に散るが、株まわりに落ちたものは取り除く（カビ予防のため）。
- 殖やし方：種子まき（4～5月）で殖やす。
- 夏 対 策：不要。
- 冬 対 策：寒さに弱く、対策不要。
- 生　　育：日照を好むので、できるだけ日当たりのよい所がよい。雨天が続くと、弱って枯れることもある。

> 科名／属名：キョウチクトウ科／ニチニチソウ属、カタランツス（カサランス）属
> 和名：ニチニチソウ（日々草）
> 開花期：6～10月　花色：赤、桃、白、藤紫、黒、複色

トレニア

| 一年草 | 草丈〈小型〉10～20cm |

口をすぼめたような独特の花形が愛らしい。コンパクトなものからツルを長く伸ばすものまであり、グラウンドカバーやハンギングにも向く。

> 科名／属名：アゼトウガラシ科／ツルウリクサ属（トレニア属）
> 別名：ナツスミレ
> 開花期：5～10月　花色：青紫、桃、白、黄

≫ 育て方・管理

- 入　　手：4～8月／ポット苗。
　　　　　通年／種子。品種は限られる。
- 植えつけ：4～8月。
- 環　　境：4～6月と9～11月は風通しのよい日なたの所。7～8月は日陰へ移動。
- 種子まき：4～6月。発芽適温20℃くらい。直まき、またはポットや育苗箱にまく。
- 水 や り：庭植えはしっかり根が張れば、ほとんど不要。鉢植えは表土が乾いたらたっぷり。乾燥に注意。
- 肥　　料：庭植えはほとんど不要。鉢植えは4～10月に緩効性肥料を2か月に1回くらい与える。液体肥料を月1～2回でもよい。
- 手 入 れ：6～8月に全体の1/2くらいに切り戻すか、そのまま伸ばしてもよい。グラウンドカバーとしても使える。場所に応じて手入れを行う（ハンギングなど）。
- 殖やし方：種子まき（4～6月）、挿し芽（春～秋）など。
- 夏 対 策：高温多湿に強い。半日陰なら旺盛に生育する。
- 冬 対 策：一年草扱い。5℃以上で冬越しする。
- 生　　育：花を次々と咲かせながら、株は次第に大きく育っていく。

インパチェンス

| 一年草 | 草丈〈小型〉10〜30cm |

※横へ広がるので、株張りは大きい

シンプルな一重咲きと、バラの花のような八重咲き品種があり、それぞれに持ち味があり、日陰のコーナーを明るく華やかにしてくれる。

カリフォルニアローズ

> 科名／属名：ツリフネソウ科／ツリフネソウ属（インパチェンス属）
> 和名：アフリカホウセンカ
> 開花期：5〜10月。暖地では晩秋まで咲き続ける
> 花色：赤、橙、桃、白、複色

≫ 育て方・管理

入　　手：3〜9月／ポット苗。
　　　　　通年／種子。
植えつけ：5月〜7月上旬。
環　　境：日当たりと水はけのよい所。八重咲き品種は雨に弱いため、梅雨時には軒下などへ移動する。鉢植え栽培が向く。
種子まき：4〜5月頃。発芽適温20℃くらい。ポットにまく。細かい種子で好光性なので、土をかぶせすぎないよう注意。
水 や り：庭植えはしっかり根が張れば、ほとんど不要。鉢植えは表土が乾いたらたっぷり。過湿に注意。
肥　　料：庭植えは5〜7月、9月中旬〜10月に緩効性肥料をそれぞれ1回ずつ与える。鉢植えは5〜10月に薄めの液体肥料を月1〜2回、緩効性肥料を2か月に1回くらい与える。
手 入 れ：6〜8月、伸びすぎた枝を切り戻す。草姿がコンパクトになり、秋の花の見栄えがよくなる。必ずしも行わなくてもよい。
殖やし方：挿し芽（6〜8月）で殖やす。仕立て直しのとき、切った枝を使う。
夏 対 策：半日陰〜明るい日陰。ニューギニア・インパチェンスは日差しに強い。
冬 対 策：冬は枯れるので対策不要。
生　　育：咲きながら大株になり、こんもり育つ。

草丈＊小型

イソトマ

| 一年草 | 草丈〈小型〉20〜30cm |

シャープな星形の花がこんもりと咲き続け、さわやかで動きが感じられる。
花壇のアクセントになり、リズム感も生まれる。

≫ 育て方・管理

入　　手：3〜10月／ポット苗。4〜5月、温室栽培の苗が多く流通。
　　　　　通年／種子。主に卸売りで小売は少ない。
植えつけ：3月中旬〜5月。
環　　境：日当たりのよい所。真夏は西日の当たらない風通しのよい所。
種子まき：3〜5月。秋まきも可。冬は凍らないようにする。発芽適温15〜20℃。ポットにまく。
水 や り：庭植えはしっかり根が張れば、ほとんど不要。鉢植えは表土が乾いたらたっぷり。過湿に注意。水はけをよくする。
肥　　料：庭植えはほとんど不要。鉢植えは4〜7月中旬に液体肥料を月1回ずつ与える。
手 入 れ：梅雨期に刈り込むとよい。
殖やし方：種子まき（3〜5月）、挿し芽（春〜秋）で殖やす。
夏 対 策：蒸れに弱い。水はけと風通しをよくする。カラッとした暑さには強い。
冬 対 策：冬は枯れるので対策不要。
生　　育：こんもり茂って、次々と花を咲かせる。

> 科名／属名：キキョウ科／イソトマ属（ローレンティア属）
> 開花期：6〜9月　花色：青紫、桃、白

PART 3　育てやすい草花図鑑　　81

アゲラタム

| 一年草 | 草丈〈小型〉10〜60cm |

※切り花向けの高性種もあるが、
花壇では倒れるのであまり使われない

ふわふわとした清涼感のある花が、
こんもりと咲き続ける。
サルビアやマリーゴールドなどの赤や黄色の花
と合わせると、よりいっそう引き立つ。

≫ 育て方・管理

入　　　手：5〜9月／ポット苗。
　　　　　　通年／種子。
植えつけ：4〜7月。
環　　　境：日当たりと水はけのよい所。
種子まき：4〜5月。発芽適温20〜25℃。ポットにまく。育
　　　　　　苗箱にまいてもよい。
水　や　り：庭植えはしっかり根が張れば、ほとんど不要。
　　　　　　鉢植えは表土が乾いたらたっぷり。過湿に注意。
肥　　　料：庭植えは無肥料でも育つ。鉢植えは5月〜7月初
　　　　　　旬と9月に緩効性肥料をそれぞれ1回ずつ与える。
手入れ：混みすぎたら刈り込む。種子をまいて育てる場合、
　　　　　　発芽が多いと蒸れて腐るので、1鉢に1〜3本く
　　　　　　らい残して間引く。
殖やし方：挿し芽（春〜秋）、種子まき（4〜5月）で殖やす。
夏　対　策：暑さで花が咲きにくくなるので対策不要。
冬　対　策：冬は枯れるので対策不要。
生　　　育：梅雨期に刈り込んでおくと生育がよい。

科名／属名：キク科／カッコウアザミ属（アゲラタム属）
和名：カッコウアザミ
開花期：5〜11月（9〜11月）。秋のほうが美しく咲く
花色：青、紫、桃、白

シクラメン・
ヘデリフォリウム（原種）

| 球根類 | 草丈〈小型〉10cm |

シクラメンの原種のひとつで、
庭に植えっ放しで毎年咲く丈夫な品種。
園芸品種とは違ったよさがあり、
原生地のような自然な趣きが感じられる。

科名／属名：サクラソウ科／シクラメン属
和名：カガリビバナ
別名：ブタノマンジュウ
開花期：9〜11月　花色：桃（濃〜淡）、白

≫ 育て方・管理

入　　　手：9〜4月／ポット苗。
　　　　　　9月／球根。
植えつけ：9〜4月。根は球根の上部から出る。植え
　　　　　　るとき上下を間違えないように注意。球根
　　　　　　が完全に土に埋まるようやや深めに植える。
環　　　境：落葉樹の下など、夏の間は日陰になる所。
水　や　り：庭植えは不要。鉢植えは表土が乾いたら
　　　　　　たっぷり。
肥　　　料：庭植えは不要。鉢植えは秋の葉が出る頃に
　　　　　　緩効性肥料を月1回ずつ与える。苦土石灰
　　　　　　を与えてもよい。
手入れ：ほとんど不要。
殖やし方：種子まき（秋）で殖やす。自家採種やこぼ
　　　　　　れ種子でも殖えるが、開花まで数年かかる。
夏　対　策：地中の球根で休眠。直射日光が当たらない
　　　　　　ように日陰にする。
冬　対　策：寒さに強く、冬の間も葉が茂るので対策は
　　　　　　不要。
生　　　育：多肥・多湿にならないようにすれば、育て
　　　　　　やすい。花後に種子が実ると、花茎はゼン
　　　　　　マイのようにクルクル巻いてバネのような
　　　　　　形になる。

ムスカリ

| 球根類 | 草丈〈小型〉10～20cm |

ブドウの房のような花が、春の庭をうめつくす。
個性豊かな花で、チューリップなどとも合わせやすい。
ほとんど場所を選ばず、分球でよく殖える。

科名／属名：キジカクシ科（クサスギカズラ科）／ムスカリ属
別名：グレープヒヤシンス
開花期：4～5月　花色：青、紫、桃、白

≫ 育て方・管理

入　　　手：2～4月／ポット苗。
　　　　　　9～11月／球根。
植えつけ：10～12月中旬。ポット苗は春にも植えつけられる。
環　　　境：日当たりと水はけのよい所。
水やり：庭植えはほとんど不要。鉢植えは表土が乾いたらたっぷり。夏の休眠期は不要。
肥　　　料：庭植えは不要。鉢植えは4月中旬～5月中旬と10～12月中旬に緩効性肥料をそれぞれ1回ずつ与える。
手入れ：花がら切り。秋に葉が出る品種は、早春の蕾が出る前に古い葉を切ると、見映えがよい。春に葉が出るタイプは、手入れは不要。植えっ放しでもよいが、6月頃に掘り上げて晩秋に植えつけてもよい。
殖やし方：自然分球でよく殖える。種類によっては、実生で殖やすことも可。
夏対策：休眠期は、水やり不要。他の草花でおおわれていてもよい。
冬対策：不要。
生　　　育：一度植えつければ毎年花が咲く、手のかからない花。

ブルーベル

| 球根類 | 草丈〈小型〉20～30cm |

ベル型の花が連なるように房になって咲く。
まとめて植えたり、所々に散らばるように植えてもよく、森の中のような自然な風景もつくれる。

≫ 育て方・管理

入　　　手：3～4月／ポット苗。流通は少ない。
　　　　　　9～11月／球根。
植えつけ：9～11月。
環　　　境：日当たりと水はけのよい所。
水やり：庭植えは不要。鉢植えは表土が乾いたらたっぷり。夏の休眠期は不要。
肥　　　料：庭植えは不要。鉢植えは3～5月、9月中旬～11月上旬に月1回、液体肥料か固形肥料を与える。
手入れ：花後は花茎を元から切り取る。
殖やし方：自然分球で殖える。種子をまいて殖やすこともできるが、開花まで年数がかかる。
夏対策：夏は休眠するので対策不要。
冬対策：不要。
生　　　育：春に芽が出て、成長・開花する。

科名／属名：キジカクシ科（クサスギカズラ科）／ヒヤシンソイデス・ヒスパニカ（ヒヤシンソイデス属）
別名：シラー・カンパニュラータ
開花期：4～5月　花色：青、桃、白、紫、青紫、複色

PART 3　育てやすい草花図鑑

ハナニラ

| 球根類 | 草丈〈小型〉10〜20cm |

星を散りばめたように一面に咲く春の花。
ニラに似た香りがあり、1茎に1輪ずつ
ストライプの入る花で、よく見ると変化に富む。

≫ **育て方・管理**

入　　　手：9〜11月／球根。
植えつけ：10月下旬〜12月中旬。
環　　　境：水はけがよく、日なたから半日陰の所。
水　や　り：庭植え・鉢植えともに、乾燥に強く、雨水のみで十分。夏の休眠期は不要。
肥　　　料：庭植え・鉢植えともに、11月に緩効性肥料を与える。追肥は不要。
手　入　れ：花後に花がら摘みをする。
殖やし方：分球（9〜11月）で殖やす。実生（5〜6月）でも殖やせるが、開花までに時間がかかる。
夏　対　策：夏は休眠するので対策不要。
冬　対　策：不要。
生　　　育：秋に新芽が出て、冬越し、春に開花、夏は休眠。一度植えつければ毎年よく咲き、自然に殖えていく。

> 科名／属名：ネギ科／ハナニラ属（イフェイオン属）
> 和名：ハナニラ（花韮）
> 開花期：4〜5月　花色：青、桃、白

ゼフィランサス

| 球根類 | 草丈〈小型〉10〜20cm |

タマスダレの仲間で、
通路脇や花壇の縁などによく植えられる。
桃色大輪のサフランモドキなどの品種も多く、
レインリリーとも呼ばれ、雨が降った後に
いっせいに咲くことが多い。

≫ **育て方・管理**

入　　　手：7〜8月／ポット苗。流通は少ない。
　　　　　　3〜5月／球根。
植えつけ：3月中旬〜4月。
環　　　境：日当たりか明るい半日陰。水はけのよい所。
水　や　り：庭植えは不要。鉢植えは表土が乾いたらたっぷり。生育期の水切れに注意。
肥　　　料：庭植えはほとんど不要。鉢植えは3月中旬〜4月に元肥（緩効性肥料）、10月初旬に追肥（カリ分の多い化成肥料）を与える。
手　入　れ：ほとんど不要。混み合ってきたら分球して広げるか、間引く。
殖やし方：分球（春）で殖やす。自家採種も可。
夏　対　策：不要。
冬　対　策：半耐寒性。寒地では防寒が必要。
生　　　育：タマスダレはほぼ常緑。サフランモドキは冬は葉が枯れて休眠する。

> 科名／属名：ヒガンバナ科／タマスダレ属（ゼフィランサス属）
> 和名：タマスダレ、サフランモドキ
> 原産地：アメリカ
> 開花期：7〜9月。地域や品種による
> 花色：桃（濃〜淡）、白、黄

タマスダレ

スノードロップ

| 球根類 | 草丈〈小型〉5～10cm |

寒さが残る中、いち早く春を告げる愛らしい花。
雪の耳飾りとも呼ばれ、緑色のブロッチがよく目立つ。

科名／属名：ヒガンバナ科／マツユキソウ属（ガランサス属）
和名：雪の花、待雪草
開花期：2～3月　花色：白、白と緑（緑は斑点）

≫ 育て方・管理

入　　手：1～3月／ポット苗。
　　　　　9～11月／球根。
植えつけ：10月下旬～12月中旬（球根）。植え替えや移植などは、開花後に早めに行う。
環　　境：日当たりと水はけのよい所。夏は日陰がよい。
水 や り：庭植えは不要。鉢植えは表土が乾いたらたっぷり。過湿に注意。
肥　　料：庭植え・鉢植えともに、球根用肥料を開花直後に与えると、球根の太りがよくなる。
手 入 れ：不要。自然に枯れて休眠する。
殖やし方：分球（開花直後に分け、すぐに植える）で殖やす。球根だが、掘り上げて乾かさないようにする。
夏 対 策：休眠中は、日陰にする。
冬 対 策：不要。
生　　育：春に生育、初夏以降は地中で休眠。

草丈＊小型

スイセン

| 球根類 | 草丈〈小型〉10～30cm |

※品種によりさまざま

上品な花容で力強さも感じられる優雅な花。
花の中心部（副花冠）の形は、ラッパ状、杯状、八重咲きなど多くの品種がある。

ジョンキル

≫ 育て方・管理

入　　手：12～3月／ポット苗。
　　　　　9～11月／球根。
植えつけ：9月下旬～11月中旬。
環　　境：日当たりのよい所。
水 や り：庭植えはほとんど不要。鉢植えは表土が乾いたらたっぷり。
肥　　料：庭植え・鉢植えともに、2～4月と9月下旬～11月に球根用肥料をそれぞれ1回ずつ与える。
手 入 れ：花後は花茎を残して、花がらを摘む。
殖やし方：夏に掘り上げて球根が多ければ分球で殖やす。
夏 対 策：夏は休眠するので対策は不要。
冬 対 策：寒地では、防寒が必要な品種もある。
生　　育：ほとんどのものは植えっ放しでよい。品種によりかなり性質が異なる。秋に葉が出るタイプは、寒地では防寒が必要。鉢植えは球根が太りにくく、花が咲かなくなることが多い。

科名／属名：ヒガンバナ科／スイセン属（ナルキッソス属）
和名：スイセン（水仙）、水の仙人
開花期：11月中旬～4月。3～4月の品種が多い
花色：白、橙、黄、複色

PART 3　育てやすい草花図鑑

コルチカム

| 球根類 | 草丈〈小型〉10〜20cm（花）、30cm前後（葉） |

秋になると、地面からいきなり蕾が出てきて花が咲く。夏の間、球根を掘り上げた場合、球根を植えなくても、秋には花が咲く。葉は春に出てくる。

科名／属名：イヌサフラン科／イヌサフラン属（コルチカム属）
和名：イヌサフラン
別名：オータム・クロッカス
開花期：9〜10月　花色：桃、白

》育て方・管理

入　　手：8〜10月／球根。7月から通信販売で入手可。
植えつけ：9〜10月。植え替えや植え直しは、6〜7月がよい。
環　　境：日当たりと水はけのよい所。
水 や り：庭植えはほとんど不要。鉢植えは成長期や、秋から春まで、表土が乾いたらたっぷり。葉が茂る時期（3〜5月）は、乾燥に注意。
肥　　料：庭植えは3〜4月と9〜10月に球根用肥料を株のまわりにまく。鉢植えは液体肥料を3〜4回与える。
手 入 れ：植えっ放しにした場合、6月に枯れ葉を取り除く。葉が混んできたら、掘り上げて植え直しする。
殖やし方：分球（6月）で殖やす。古い球根は消えて、新しい球根が2個できるので、1年で2倍に殖える。
夏 対 策：夏は休眠するので対策不要。
冬 対 策：不要。
生　　育：秋に花が咲き、春に葉が出てくる。

クロコスミア（モントブレチア）

| 球根類 | 草丈〈小型〉40〜100cm |

グラジオラスに似た剣状の葉が茂り、長い花茎に花が連なるように咲く。ホットカラーで庭を明るくしてくれる。球根と宿根草の性質を併せもつ。

科名／属名：アヤメ科／クロコスミア属
和名：ヒメヒオウギズイセン（姫檜扇水仙）
別名：モントブレチア、トリトニア
開花期：6〜8月
花色：赤、橙、黄、複色

》育て方・管理

入　　手：5〜6月頃／ポット苗。3〜4月／球根。
植えつけ：3月下旬〜5月中旬。
環　　境：日当たりと水はけのよい所。幅広い環境に適応。
水 や り：庭植えは不要。鉢植えは表土が乾いたらたっぷり。春の生育期から夏の開花期までは乾かさないよう注意。秋以降の休眠期は乾燥気味でもよい。
肥　　料：庭植えは不要。鉢植えは3月下旬〜5月中旬に緩効性肥料を1回与える。球根用肥料を与えてもよい。
手 入 れ：株が混み合うと花つきが悪くなり、徒長して倒れやすい。球根ごと間引くか、休眠中に掘り上げ、大きい球根だけを植える。鉢植えは根詰まりしやすいため、1〜2年ごとに株分けして、植え直す。
殖やし方：分球（3〜4月に分けて植える）はほとんどなく、地下茎の先の新しい球根で殖やす。種子まき（春か秋）でも殖やせるが、3年目くらいから開花。
夏 対 策：不要。
冬 対 策：寒地でも庭植えで冬越しする。鉢植えは凍らないよう注意。
生　　育：冬は地中で休眠。

キルタンサス・マッケニー

| 球根類 | 草丈〈小型〉30cm |

細長いラッパのような花が房になって咲き、
ユーモラスな印象。
日本水仙と同じ頃に咲く、数少ない冬の花。
ほぼ常緑で、冬以外にも咲くことがある。

草丈＊小型

≫ 育て方・管理

- 入　　手：12〜2月／ポット苗。開花苗が多く流通。4〜6月／球根。通信販売などで入手可。
- 植えつけ：春または秋。ポット苗はほぼ通年植えつけ可。
- 環　　境：日当たりと水はけのよい所。
- 水 や り：庭植えは不要。鉢植えは表土が乾いたらたっぷり。乾燥にも過湿にも強い。
- 肥　　料：庭植えはほとんど不要。鉢植えは置き肥なら春と秋1回ずつ、液体肥料なら春と秋に月1回与える。球根用肥料でもよい。
- 手 入 れ：混みすぎると、小さな球根になって咲きにくくなる。株分けや芽数を減らすなどして植え直しをするとよい。
- 殖やし方：自然に分球してよく殖える。根詰まりしたり、芽が混み合ったりしたら、株分けして植えつける。種子まき（通年）でも殖やせるが、開花まで4〜6年かかる。
- 夏 対 策：不要。
- 冬 対 策：常緑性。寒地では防寒する。−5℃まで耐える。
- 生　　育：庭植えや鉢植え、いずれも育てやすい。

科名／属名：ヒガンバナ科／キルタンサス属
別名：フエフキスイセン（笛吹水仙）
開花期：12〜2月　花色：桃、橙、黄、白

オキザリス類

| 球根類 | 草丈〈小型〉5〜30cmが多い。 |
※品種によりさまざま

三つ葉、四つ葉、切れ込む葉をはじめ、
葉の模様や色彩も美しい。
品種が多く、観葉になり、開花期も異なる。
組み合わせ次第で一年中楽しめる。
わずかなスペースで育てられる。

'紫の舞'

≫ 育て方・管理

- 入　　手：ほぼ通年／ポット苗。種類によって入手時期は異なる。春と秋が多い。
- 植えつけ：春〜夏咲き種は3〜4月中旬。秋〜冬咲き種は9〜10月中旬。
- 環　　境：日当たりと水はけのよい所。
- 水 や り：庭植えはしっかり根が張れば、ほとんど不要。鉢植えは表土が乾いたらたっぷり。過湿に注意。
- 肥　　料：庭植え・鉢植えともに春〜夏咲き種は4〜5月、秋〜冬咲き種は10〜12月中旬に緩効性肥料を1回与える。または月2〜3回液体肥料を与えると花数も増え、球根もよく殖える。
- 手 入 れ：ほとんど不要。成長期、休眠期に合わせた管理（水やり、肥料やり）が大切。
- 殖やし方：自然に分球してよく殖える。品種によっては、種子まき（春か秋）や、挿し芽（春か秋）でも殖やせる。
- 夏 対 策：休眠するタイプは乾燥させる。
- 冬 対 策：ほとんどのものが半耐寒性なので対策不要。
- 生　　育：こんもりと茂る。

科名／属名：カタバミ科／カタバミ属（オキザリス属）
和名：ハナカタバミ（学名：O.bowiei）など
別名：オクサリス
開花期：秋咲き、冬咲き、春咲き、四季咲きとさまざま
花色：黄、白、桃、紫、橙、複色

PART 3　育てやすい草花図鑑　87

オオアマナ（オーニソガラム）

| 球根類 | 草丈〈小型〉10〜20cm |

春の日差しを受けるといっせいに花開き、まばゆいほど。雨天や夜間は花が閉じて、花の後ろの緑のラインがくっきりと現れる。

≫ 育て方・管理

入　　手：3〜4月／ポット苗。流通は少ない。
　　　　　9〜11月／球根。
植えつけ：10〜11月。鉢植えは、分球して球根が小さくなる。
環　　境：日当たりのよい所。夏は日陰でよい。
水 や り：庭植えはしっかり根が張れば、ほとんど不要。鉢植えの成長期は表土が乾いたらたっぷり。
肥　　料：庭植えはほとんど不要。鉢植えは早春と開花後に球根用肥料を与える。
手 入 れ：花後は花茎を切り取る。
殖やし方：分球（6月頃）、葉が枯れたら、分けて植え直す。
夏 対 策：夏は休眠するので対策不要。
冬 対 策：不要。
生　　育：ほとんど放任でよい。大株に育てると見事。

科名／属名：ヒアシンス科／オオアマナ属（オーニソガラム属）
和名：オオアマナ
開花期：4〜5月　花色：白

ヒヤシンス

| 球根類 | 草丈〈小型〉約20cm |

水栽培でおなじみの花。繊細な根の美しさも観賞できる。庭や鉢では、春の新芽が力強く頼もしい。花には芳香がある。

≫ 育て方・管理

入　　手：1〜3月／ポット苗。芽出し苗、開花苗（水栽培）も流通。
　　　　　9〜12月／球根。
植えつけ：10〜11月。
環　　境：日当たりと水はけのよい所。
水 や り：庭植えはほとんど不要。鉢植えは表土が乾いたらたっぷり。
肥　　料：庭植え・鉢植えともに、11〜12月頃、表土にまく。球根用肥料が使いやすい。
手 入 れ：花後は花茎を残して花がらを取り除く。梅雨に入る前に掘り上げる。葉をつけたまま日陰で乾燥させ、葉が枯れたら切り取り、秋まで球根を常温で乾燥貯蔵する。
夏 対 策：夏は休眠するので対策不要。
冬 対 策：不要。
生　　育：冷涼地では植えっ放しで毎年花が咲く。平地や暖地では年々球根が小さくなることが多い。数年で球根を植え替える。

科名／属名：キジカクシ科（クサスギカズラ科）／ヒアシンス属
別名：夜香蘭、ダッチヒアシンス
開花期：3〜4月　花色：赤、桃、白、黄、青、紫

チューリップ

| 球根類 | 草丈〈小型〉10〜40cm |

親しみのあるポピュラーな春の花。
シンプルで華やかさがあり、花と葉のバランスがよく、
イラストにも簡単に描ける。
原種系は小型で可愛らしい。

草丈＊小型

≫育て方・管理

入　　手：1〜3月／ポット苗。
　　　　　9〜11月／球根。
植えつけ：10月中旬〜12月中旬。
環　　境：日当たりと水はけのよい所。
水 や り：庭植えは乾くようなら与える。鉢植えは表土が乾いたらたっぷり。
肥　　料：庭植え・鉢植えともに、早春と開花直後に球根用肥料を与える。
手 入 れ：花後は種子の部分を切る。種子ができると球根の太りがよくない。花茎は残す。
殖やし方：暖地では2年目以降、花が咲きにくくなる。原種系以外は、毎年球根を植え替えるのが確実。
夏 対 策：夏は休眠するので対策不要。
冬 対 策：乾燥させない。雪の下がベスト。
生　　育：冬に乾燥させると、蕾が枯れることもある。太平洋側は乾燥に注意。雪が降る所は安全。

科名／属名：ユリ科／チューリップ属
別名：鬱金香（うこんこう）
開花期：3月下旬〜5月上旬
花色：白、赤、桃、橙、黄、緑、紫、黒、複色

クロッカス

| 球根類 | 草丈〈小型〉5〜10cm |

可憐な野の花の風情が感じられ、
芝生の中で咲かせてもよい。
秋咲き、寒咲き、春咲きがあり、
手軽に楽しめる用途の広い花。

科名／属名：アヤメ科／サフラン属（クロッカス属）
別名：ハナサフラン
開花期：2〜4月。秋咲きは10月中旬〜11月中旬
花色：黄、白、紫、複色

≫育て方・管理

入　　手：1〜3月／ポット苗。
　　　　　9〜11月／球根。
植えつけ：10〜11月。
環　　境：日当たりと水はけのよい所。寒地では雪に埋まっているほうがよい。
水 や り：庭植えは、秋から春までの生育中は、極端に乾かさないよう注意。鉢植えは表土が乾いたらたっぷり。
肥　　料：庭植え・鉢植えともに、植えつけ時に、苦土石灰を用土に混ぜておく。開花後は早めに追肥を与え、球根を太らせる。粒状の化成肥料、液体肥料など、カリ分の多いものがよい。球根用の肥料が使いやすい。
手 入 れ：種子が実ると球根が太らなくなるので、花がらは早めに根元から抜き取る。
殖やし方：自然分球で殖えるが、芽の数が多すぎたり、日当たりや肥料が不十分だったり、浅植えだったりすると、球根が太らず花が咲きにくくなる。鉢植えは2年以降は咲きにくくなる。
夏 対 策：夏は休眠するので対策不要。
冬 対 策：乾燥させない。
生　　育：冷涼地では植えっ放しで毎年花が咲く。平地や暖地では年々球根が小さくなることが多い。数年で球根を植え替える。

PART 3　育てやすい草花図鑑　89

アネモネ

| 球根類 | 草丈〈小型〉15～30cm |

※外の花壇の場合は15～30cm、
温室栽培の場合は50cm

ボタンを小型にしたような花で風格があり、1株でも庭が明るくなる。細かい切れ込んだ葉の間から、次々と花を咲かせる。

> 科名／属名：キンポウゲ科／イチリンソウ属（アネモネ属）
> 和名：ボタンイチゲ（牡丹一華）
> 開花期：2～5月　花色：白、赤、桃、青、紫、複色

≫育て方・管理

入　　手：12～3月／ポット苗。開花苗の流通が多い。9～10月／球根。種子は生産者向け販売に限定。

植えつけ：10～12月。球根をそのまま植えると腐るので、ゆっくりと給水させ、球根がふくらんでから植えつける。

環　　境：日当たりと水はけのよい所。

水 や り：庭植えは表土が乾いたらたっぷり。鉢植えは地上部が枯れたら水やり不要。雨のかからない日陰に置いて完全に乾かす。10月になって再び水やりをする。

肥　　料：庭植えは10～3月に緩効性肥料を月1回与える。鉢植えは10～3月に週1回薄めの液体肥料（N－P－K＝6－10－5）を与える。緩効性肥料などを利用してもよい。

手 入 れ：花がらはこまめに取り（カビ予防）、株元の花がらも取り除く。

殖やし方：分球は自然に分かれるので無理に割らない。球根で殖やす。

夏 対 策：乾燥状態で休眠するので対策不要。

冬 対 策：寒地は防寒が必要。

生　　育：花の咲いたポット苗を利用するのが簡単で便利。翌年も咲かせるには、細心の注意が必要。一年草扱いなら、栽培は容易。

ラミウム類

| 宿根草　半日陰 | 草丈〈小型〉10～30cm |

オドリコソウの仲間で、帽子をかぶったような、ひょうきんな花を咲かせる。常緑性でグラウンドカバーに向き、斑入り葉や黄金葉、銀葉など品種が多い。

> 科名／属名：シソ科／オドリコソウ属（ラミウム属）
> 開花期：4～5月　花色：桃、白、黄

≫育て方・管理

入　　手：ほぼ通年／ポット苗。特に春に多く流通する。

植えつけ：ほぼ通年。

環　　境：半日陰で水はけのよい所。夏は日陰で、冬は日が当たってもよい。

水 や り：庭植えはしっかり根が張れば、ほとんど不要。鉢植えは表土が乾いたらたっぷり。夏は過湿に注意。

肥　　料：庭植えはほとんど不要。春と秋に株の周りに緩効性肥料を与えてもよい。鉢植えは春と秋に緩効性肥料をそれぞれ1回ずつ与える。

手 入 れ：花後は花穂のつけ根で切り取る。

殖やし方：株分けと挿し芽（ともに春と秋）で殖やす。茎を横にして用土をかけると、節から根が出て殖やす（取り木）こともできる。

夏 対 策：日陰にする。

冬 対 策：常緑性。対策不要。

生　　育：地面を這うようにして、横に広がっていく。

写真はすべてマキュラータムの品種

ユキノシタ

| 宿根性　半日陰 | 草丈〈小型〉10〜20cm |

丸い葉が地に張りつくようにびっしり茂り、初夏には白い大文字のような形の花が穂になって咲く。生垣の下など、グラウンドカバーとして使いやすい。

'御所車'

》育て方・管理

- 入　　　手：通年／ポット苗。主に斑入り葉品種が流通するが少なく、山野草専門店や直売所などで入手可。
- 植えつけ：3〜5月、9〜11月。
- 環　　　境：半日陰で水はけのよい所。夏の強い日差しを避ける。
- 水 や り：庭植えはしっかり根が張ればほとんど不要。鉢植えは表土が乾いたらたっぷり。
- 肥　　　料：庭植えはほとんど不要。鉢植えは春と秋に緩効性肥料をそれぞれ1回ずつ与える。
- 手 入 れ：不要。
- 殖やし方：走出枝（ランナー）が伸び、子株で殖やす。
- 夏 対 策：日陰なら、対策不要。
- 冬 対 策：常緑性。不要。
- 生　　　育：地面に張りつくように広がっていく。

> 科名／属名：ユキノシタ科／ユキノシタ属
> 和名：ユキノシタ
> 別名：サキシフラガ・ストロニフェラ
> 開花期：6〜7月　花色：白

草丈＊小型

ヤブラン

| 宿根草　半日陰 | 草丈〈小型〉20〜40cm |

斑入りヤブランの利用が多く、常緑性で造園材料としても広く使われる。8月には淡い紫色の花がたくさん咲く。近縁のノシランなど、よく似た品種も多い。

》育て方・管理

- 入　　　手：ほぼ通年／ポット苗。特に斑入りヤブランの流通が多い。
- 植えつけ：3〜6月、9〜11月。真夏と真冬を除いて通年可。
- 環　　　境：日なたから日陰まで場所を選ばない。植えっ放しでよい。
- 水 や り：庭植えはほとんど不要。鉢植えは表土が乾いたらたっぷり。
- 肥　　　料：庭植えはほとんど不要。鉢植えは3〜4月と10〜11月に緩効性肥料をそれぞれ1回ずつ与える。
- 手 入 れ：古葉切り（春の新芽が伸びる頃）をすると見栄えがよくなる。
- 殖やし方：株分け（3〜4月、10〜11月）で殖やす。3〜5芽で分ける。
- 夏 対 策：常緑性。対策不要。
- 冬 対 策：不要。
- 生　　　育：ほぼ一年中同じ草姿を保つ。年々少しずつ大株に育っていく。

> 科名／属名：キジカクシ科（クサスギカズラ科）／ヤブラン属（リリオペ属）
> 和名：ヤブラン（藪蘭）
> 別名：リリオペ
> 開花期：8〜9月　花色：淡紫
> 観葉：常緑性

PART 3　育てやすい草花図鑑　91

フウチソウ

| 宿根草　半日陰 | 草丈〈小型〉20〜30cm |

山野に自生するウラハグサの斑入り品種。涼しさの感じられる葉物で、鉢植えにして玄関先に飾ったり、石組みの間などの植え込みに向く。

≫ 育て方・管理

入　　手：4〜10月／ポット苗。
植えつけ：3〜4月。
環　　境：日なたか明るい日陰で、水はけのよい所。幅広い環境に適応するが、多湿に注意。
水 や り：庭植えはほとんど不要。鉢植えは表土が乾いたらたっぷり。
肥　　料：庭植えはほとんど不要。鉢植えは春に1〜2回、緩効性肥料を与える。多肥は腐りやすくなるので注意。
手 入 れ：晩秋以降、枯れた葉を取り除く。
殖やし方：株分け（植え替え時）で殖やす。5芽くらいで分ける。
夏 対 策：不要。
冬 対 策：落葉性。冬は休眠するので対策不要。
生　　育：こんもりと形よく茂る。数年で大株に育つ。

科名／属名：イネ科／ウラハグサ属
和名：ウラハグサ（裏葉草）
別名：フウチソウ（風知草）
観葉：冬は落葉休眠

ヒューケラ

| 宿根草　半日陰 | 草丈〈小型〉20〜40cm |

日陰の植え込みには欠かせない存在。同じ草姿を保ち、通年観葉。品種が多く、組み合わせでさまざまなデザインができる。花が美しく華やかな品種も多い。

≫ 育て方・管理

入　　手：ほぼ通年／ポット苗。
植えつけ：3〜4月、9月下旬〜11月上旬。
環　　境：落葉樹の下や建物や塀の近くなど日陰になる所。斑入り葉や淡色のものは、夏の葉焼けに注意。
水 や り：庭植えはしっかり根が張れば、ほとんど不要。鉢植えは表土が乾いたらたっぷり。
肥　　料：庭植えはほとんど不要。鉢植えは3〜4月と10〜11月に、粒状の化成肥料を月1回与える。さらに月3回ほど液体肥料を与えるとよい。
手 入 れ：花後に花茎を切り取る。枯葉は早めに取り除く。
殖やし方：主に株分け（春か秋）で殖やす。
夏 対 策：半日陰で、水はけをよくし、多湿に注意。
冬 対 策：常緑性。葉が傷むので、強い北風の当たらない所がよい。
生　　育：一年中ほぼ同じ草姿。手間がかからず、日陰でもよく育つ。

科名／属名：ユキノシタ科／ツボサンゴ属（ヒューケラ属）
和名：ツボサンゴ（壷珊瑚）
別名：コーラルベル
開花期：5〜6月　花色：赤、桃、白
観葉：通年　葉色：緑、黄、橙、赤紫、複色

ヒマラヤユキノシタ

| 宿根草　半日陰 | 草丈〈小型〉20〜40cm |

厚みのある大きな葉を地面に広げ、早春にはやさしい
ピンクの花が房になって咲く。常緑性で寒さや乾燥に強く、
家の北側や石組みの間などに向く。

≫ 育て方・管理

- 入　　手：通年／ポット苗。特に2〜5月が多い。
- 植えつけ：3〜5月、9〜11月。
- 環　　境：日当たりか明るい日陰で、水はけがよい所。多湿に弱い。
- 水 や り：庭植えはしっかり根が張れば、ほとんど不要。鉢植えは表土が乾いたらたっぷり。極端な乾燥に注意。
- 肥　　料：庭植えはほとんど不要。鉢植えは3〜4月、9〜11月に緩効性肥料をそれぞれ1回ずつ与える。多肥は腐りやすくなるので注意。
- 手 入 れ：花後に花茎を切り取る。2月中旬〜3月に枯れ葉を取り除く。
- 殖やし方：主に株分け（開花後）で殖やす。
- 夏 対 策：半日陰なら対策不要。
- 冬 対 策：常緑性。対策不要。
- 生　　育：成長はゆっくりで、年々少しずつ大きくなり、株が広がっていく。鉢植えは根詰まりするので、数年ごとに秋に植え直しが必要。

科名／属名：ユキノシタ科／ヒマラヤユキノシタ属（ベルゲニア属）
和名：ヒマラヤユキノシタなど
別名：エレファンツ・イヤー
開花期：2〜4月　花色：濃桃〜淡桃、白

シャガ

| 宿根草　半日陰 | 草丈〈小型〉30cm |

光沢のある葉が一年中茂り、樹木の根元などをおおうのによい。
アイリスの一種で、初夏に咲く。薄い空色の花もさわやか。
斑入葉の品種は、日陰を明るくしてくれる。

≫ 育て方・管理

- 入　　手：通年／ポット苗。斑入り葉が多く流通する。種子も通年流通する。
- 植えつけ：3〜10月。
- 環　　境：やや湿り気がある明るい日陰の所。
- 水 や り：庭植えはほとんど不要。鉢植えは表土が乾いたらたっぷり。
- 肥　　料：庭植えは不要。鉢植えは春に緩効性肥料を月1回与える。
- 手 入 れ：花後は花茎を切り取る。
- 殖やし方：株分け（春〜秋、いつでも可）で殖やす。植え替え時に3〜5芽で分ける。
- 夏 対 策：日陰なら対策不要。
- 冬 対 策：常緑性。寒地では、冬に葉が枯れることがある。強い北風に注意。
- 生　　育：地下茎を伸ばして広がる。斑入り葉は、やや性質が弱い。

科名／属名：アヤメ科／アヤメ属
和名：シャガ（射干）
別名：胡蝶花、アイリス・ジャポニカ
開花期：5〜6月　花色：淡青、白、青

PART 3　育てやすい草花図鑑　93

エビネ類

| 宿根草　半日陰 | 草丈〈小型〉20〜50cm |

日本の野生ランで、球根が連なる形
がエビに似ているので、
この名前がつけられている。
質素なジエビネ、明るく派手なキエビネ。
これらの交配種もあり、バラエティ豊富。

≫ 育て方・管理

入　　　手：通年／ポット苗。春に流通することが多い。
植えつけ：3〜5月、9〜10月。
環　　　境：半日陰〜明るい日陰の所。落葉樹の下（夏は日陰、冬は
　　　　　日が当たる）。水はけがよい所。
水　や　り：庭植えはしっかり根が張れば、ほとんど不要。鉢植えは
　　　　　表土が乾いたらたっぷり。春から秋の成長期は多めに与
　　　　　える。乾燥に注意。
肥　　　料：庭植え・鉢植えともに、3〜5月、9月に液体肥料を月
　　　　　1〜2回ずつ与える。
手入れ：株元を押さえ、花茎を回しながら引っ張って取り除く。
殖やし方：株分け（開花後、5月中旬頃）で殖やす。大きい株は分
　　　　　けることが可。
夏　対　策：日陰なら対策不要。地温が上がらないようにする。
冬　対　策：常緑性。強い北風に直接当たると、葉が傷むので注意。
生　　　育：成長はゆっくり。大株になるには5〜6年かかる。

科名／属名：ラン科／エビネ属（カランセ属）
和名：エビネ
別名：ジエビネ、エビネラン、ハックリ、カマガミソウ、ス
　　　ズフリソウ、他愈草（たゆそう）
開花期：4〜5月
花色：白、桃、赤、橙、黄、緑、紫、茶、黒、複色

プルモナリア

| 宿根草　半日陰 | 草丈〈小型〉10〜40cm |

早春に咲く青い花が庭に映える。
クリスマスローズやクロッカスなどとほぼ同時に咲き、
組み合わせると互いに引き立つ。赤・桃・白花や、
斑入り葉など品種が多い。品種によって強さ・弱さもいろいろ。
ギボウシとはひと味違った葉物としても利用できる。

≫ 育て方・管理

入　　　手：秋〜春／ポット苗。10〜4月に多く流通。
植えつけ：2月中旬〜5月中旬、10〜11月。
環　　　境：春の開花までは日当たり、その後は落葉樹の陰になる所。
　　　　　乾燥に注意。
水　や　り：庭植えはかなり乾いて、葉がしおれるようなら与える。鉢
　　　　　植えは表土が乾いたらたっぷり与える。
肥　　　料：庭植え・鉢植えともに、春と秋に1回ずつ緩効性肥料を与
　　　　　える。
手入れ：花後、花茎を切り取るとすっきりして見映えがよい。
殖やし方：主に株分け（10〜11月）で殖やす。春も可。
夏　対　策：日陰なら不要。品種により強弱がある。葉焼けに注意。
冬　対　策：半常緑性。対策不要。
生　　　育：早春から咲きはじめ、霜や凍結にも傷まない。咲きながら
　　　　　成長し、葉を大きく展開する。

科名／属名：ムラサキ科／プルモナリア属
別名：ラングワート
開花期：2月中旬〜5月中旬
花色：青、紫、赤、桃、白

'ブルーエンサイン'

タガネソウの班入り（落葉性）

カレックス類

| 宿根草　半日陰　| 草丈〈小型〉10〜100cm |

※20〜30cmのものが多く、一般的

スゲの仲間で品種が多く、斑入り葉、銅葉、黄金葉など、草丈も大型・小型さまざま。
穂が観賞できる品種もある。
常緑性と落葉性がある。寄せ植えにも利用しやすい。

草丈＊小型

≫育て方・管理

入　　手：通年／ポット苗。
植えつけ：3〜5月、10月頃。
環　　境：日なたでも日陰でも育つ。斑入り葉は半日陰、銅葉や黄金葉は日当たりのよい所。
水 や り：庭植えはしっかり根が張れば、ほとんど不要。鉢植えは表土が乾いたらたっぷり。乾燥に注意。
肥　　料：庭植えは春に緩効性肥料を1回ずつ与える。鉢植えは緩効性肥料を3〜5月に2〜3回、秋に1回与える。
手 入 れ：3月に地際から刈り込む。
夏 対 策：不要。
冬 対 策：不要。
生　　育：常緑性はほぼ一年中、同じ草姿を保つ。

科名／属名：カヤツリグサ科／スゲ属（カレックス属）
和名：スゲ（菅）
開花期：4〜6月上旬。穂が出る
観葉：通年（落葉性は春〜秋）

アジュガ

| 宿根草　半日陰　| 草丈〈小型〉5〜20cm |

地面をおおう常緑のカーペット。
春には一面に花が咲く。
低木類や草丈の高い草花の株元に植えたり、コンテナの寄せ植えにしたりしても使いやすい。

≫育て方・管理

入　　手：春と秋／ポット苗。
植えつけ：3〜6月、9〜11月。
環　　境：水はけのよい、涼しい半日陰の所。
水 や り：庭植えはほとんど不要。鉢植えは表土が乾いたらたっぷり。
肥　　料：庭植えはほとんど不要。鉢植えは春と秋に1回ずつ置き肥、または液体肥料を与える。多肥は腐りやすくなるので注意。
手 入 れ：花後は花茎のつけ根で切り取る。
殖やし方：株分け（春か秋）で殖やす。
夏 対 策：日陰なら対策不要。
冬 対 策：常緑性なので対策不要。
生　　育：地表を這うように広がり密生する。品種によってかなり繁殖力が異なる。

科名／属名：シソ科／キランソウ属（アジュガ属）
別名：セイヨウジュウニヒトエ
開花期：4〜5月
花色：紫、青、桃、白

'キャトリンズジャイアント'

PART 3　育てやすい草花図鑑　95

PART 4
植えつけと日々の管理

草花は一度植えてしまえば、あとは放ったらかしでOKといわれる品種もあります。しかし、こまめに花がら切りをしたり、適切な肥料を与えたり、いろいろな手入れをしてあげると、美しくたくさんの花を咲かせてくれます。ときには、株分けをして殖やしたり、種まきをして一から育てることもできます。手をかければかけるほど愛おしくなる。それが園芸の醍醐味ではないでしょうか。

植えつけ

土づくり

土づくりの基本は、通気性・水はけ・水もち。土がよければ植物はよく育ちます。
①**通気性・水はけがよい**：土の粒の間に適度なすき間があり、微生物の働きでふかふかの土にしてくれる。
②**水もちがよい**：土がやわらかく、土の粒の中に湿り気（水分）が含まれている。

市販の培養土を使えば簡単ですが、土を自分で配合するのも、園芸の楽しみのひとつです。

用土の黄金比率

赤玉土（小粒）：4　鹿沼土：3　腐葉土：3

庭植えの場合

草花を植える前に深さ40cmくらい、植える位置のまわりを耕して石などを取り除きます。そして、掘り返した土と用土を混ぜておきます。

日本では雨が降ることで酸性土壌になりがちです。表土に苦土石灰を薄くまき、よく耕すと中和してくれます。そして1週間たったら、堆肥や腐葉土を混ぜ込むと、通気性や水はけをよくする働きが高まります。

堆肥：保水性と保肥性がある。
腐葉土：通気性と排水性がある。

※堆肥を使うときは、必ず「完熟」したものを選びましょう。未熟な堆肥は根を傷めたり、病害虫が発生しやすくなるので要注意です。

鉢植えの場合

鉢植えの場合、用土をつくるときに小粒の軽石を1割くらい混ぜると水はけがよくなるのでおすすめです。

軽石は大粒から小粒まであり、場所や鉢のサイズで使い分けます。乾燥に強い種類、多湿に弱い種類に有効です。乾きやすいので、根が張るまでは水やりに注意してください。

肥料の種類

　肥料の種類は多く、成分率や成分量、濃度などをよく確かめて使用しましょう。多すぎると植物を傷めて害になるので、少なめに与えて様子を見ながら追加すると安全です。

　元肥用、追肥用、そして固形肥料と液体肥料があり、速効性から緩効性のものまでさまざまです。肥料は、組み合わせて使うとよいでしょう。

　肥料の使い方ですが、苗を育てる場所の条件や土の状態で、種類や分量はかなり異なります。庭植えの場合は腐葉土を混ぜて耕せば十分ですが、元肥を少し入れると育ちがよくなります。植えつける苗の大きさや品種によっても、肥料の使い方は異なります。

　肥料が多いと大きく育ち、倒れやすくなります。広いスペースがあれば、肥料を与えて大きく育ててもよいですが、小さな庭、小さな花壇など、あまりスペースがないときは、なるべく大きくしないほうが全体のバランスがよくなるので、肥料は控えめにしましょう。

固形肥料（置き肥用）
植えつけや植え替えのときに表土に置く。いろいろな植物に使える。

発酵油かす
大きさや形はさまざま。緩効性で、少しずつ長く効果が続く。

球根の肥料
リン酸、カリ分が多く、球根の太りがよくなる。

PART 4　植えつけと日々の管理

庭植えにする

　庭の片隅に、レンガで囲いをしてレイズドベッドをつくると、他からの雑草の侵入を防ぎ、花壇としての雰囲気が完成します。

　まずは軽石を加えて土壌の水はけをよくし、仮置きをしてから、一つひとつの苗を植えていきます。土壌と苗の株元の高さを合わせるのがポイントです。

　最後の腐葉土でマルチングすると、雑草が生えにくくなり、泥はねを防いで病害虫のリスクが軽減します。

❶水はけをよくするために軽石を入れ、ショベルで耕す。

❷植える苗を仮置きし、その位置に穴を掘る。

❸ポットを右手で持ち、左手で株元を持って苗を抜く。

❹❷で仮置きした位置に、苗を置く。

❺土壌と株元の高さを合わせて植え、表土をならす。

❻株元に腐葉土をのせる。バークチップでもよい。

❼ジョウロにハス口をつけ、根元にたっぷり水を与える。これを2回繰り返す。

❽中粒の発酵油かす（→p.99）を根元から少し離して置く。4号ポット苗は1個、6号ポット苗は2個。

鉢植えにする

鉢植えの場合、限られたスペースで生育するので、用土の配合がとても大事です。

水はけ、水もちがよく、空気が通るふかふかの用土を準備します。

鉢に苗を仮置きし、ビニールポットから根鉢をはずし、根が巻いているようなら軽くほぐします。ウオータースペースを残して植えつけましょう。

1 苗、鉢（軽石を入れたもの）、用土（培養土）を用意する。

2 用土をスコップなどを使ってよく混ぜる。

3 苗（フロックス・カロリナ）を仮置きする。

4 ビニールポットの側面や底のほうを軽くもみ、苗を静かに抜く。

5 根の底の部分が巻いていれば、指先で軽くほぐす。

6 苗を鉢に入れ、まわりに用土を均等に加え、ウオータースペースを3cmほど残す。

7 ジョウロにハス口をつけ、根元にたっぷり水を与える。これを2回繰り返す。

8 置き肥（→p.99）を根元から少し離してのせる。7号鉢に植えた場合、2個くらいがよい。

PART 4 植えつけと日々の管理

管理の仕方

花がら切り　オステオスペルマム（p.72）

　花の色が茶色っぽく変色したり、しおれて形が崩れてきたりしたら、花がら切りをします。花のすぐ下の部分の花茎を切り落としましょう。

　花を咲かせて実をつけることは、株にとって体力を消耗します。見頃がすぎたら、早めに花がら切りをするのがおすすめです。

　ただ、例外もあります。ヘレボラス（p.66）のように、花に見えるガクの場合、いつまでも形が崩れず、緑色に変色してきます。これも見応えがあるので、つい残してしまいがちですが、中心部に種子が形成され、株の生育を妨げます。ある程度観賞したら、花茎の元から切り落としましょう。

　なお、宿根草の人気が高まる中、シードヘッドを観賞する風潮も高まりつつあります。種子のついた花がらです。品種は限られますが、晩秋から冬にかけて寂しくなった庭を彩ることもできます。

花後剪定　オステオスペルマム（p.72）

※わかりやすくするために、鉢植えで紹介します。

　花が咲き終わったら、草丈の2/3をほぼ同じ高さで切り落とします。基本は葉のすぐ上をハサミで切ることです。思いきって切ることで風通しがよくなり、蒸れを防ぐことができ、夏越しの準備が整います。

　花後剪定の後、数週間で新しい芽が上がってきて、こんもりした株になります。春だけでなく秋に開花する品種にとって、特に重要な作業です。

　品種にもよりますが、梅雨明けくらいのタイミングが適期です。花後剪定を適切な時期にしっかり行わないと、宿根草や木質化する多年草でも夏越しできずに枯れてしまうこともあります。

Point

　宿根草や木質化する多年草は花がら切りや花後剪定をまめに行うと、夏越しがスムーズになり、秋も花を楽しめる品種もあります。特に高温多湿の日本では、蒸れによって枯れることが多いので、注意が必要です。

　さらに育てる地域に合った冬越しをすることで、年々大株に育てることができます。

 →  →

透かし剪定　フロックス（p.38）

葉が混み合ってくると、害虫や病気（カビ）などの温床になります。特に梅雨の時期には注意が必要です。

弱々しい枝や、株の中心部の枯れた枝はすべて切り取り、すっきりさせます。株の様子を見ながら、夏前に行うとよいでしょう。

1 ひょろひょろした枝、株の真ん中の枯れた枝は根元から切り取る。

2 穂先を同じ長さ30cmほど（品種や種によって異なる）に切り揃える。

支柱立て　ヤマユリ（p.42）

草丈のある大型のものは、風などで倒れないように支柱を立てます。茎の流れ（伸び方）を見ながら、球根を傷つけないように支柱を立てましょう。

支柱を1本だけ立てる方法と、支柱を2本使ってクロスさせる方法があります。特に風の強い地域で育てる場合や、ヤマユリ（p.42）のように、1本の枝に多数の花を咲かせるものは頭が重くなるので、支柱をクロスさせるほうが倒れる心配がなく安心です。

支柱1本の場合

茎の上部に紐を通し、ヤマユリと支柱の間が8の字になるように、ゆったり結ぶ。

支柱2本をクロスした場合

支柱をクロスしたすぐ下に紐を通し、ヤマユリと支柱の間が8の字になるように、ゆったり結ぶ。

殖やし方

株分け 宿根アスター（p.50）

宿根草を2〜3年育てていると、株が大きくなって混み合ってきます。宿根サルビア（p.34）、シラン（p.64）、アジュガ（p.95）などが株分けに向いています。

株分けの時期は品種によって異なりますが、3月頃が適期のものが多いです。

株分け後は、鉢植えならいくつかの鉢に分けて植え、庭植えなら株間をあけて植え直します。

❶ポットを右手で持ち、左手で株元を持って苗を抜く。※庭植えの場合は、根を掘り上げる。

❷根を両手でつかみ、親指の先に力を入れ、縦に切れ込みを入れるようにしながら、左右に分ける。

❸根元から根の先まで、完全に根を分ける。

❹株分け（4分割）をした状態。株の大きさによって、2分割から4分割にする。

根伏せ ユーフォルビア・キパリッシアス（マツバトウダイ）

根の先をハサミで短く切り取り、用土に伏せてのせることを根伏せといいます。その根から発芽・発根させて、新しい株を殖やす方法です。半日陰に置いて、乾燥させずに管理することがポイントになります。

樹木を根伏せすることが多いですが、草花でも可能な品種があります。根から何本も芽が立ち上がるので、株立ちにすることができます。

❶湿らせた用土の上に、切り分けた根を寝かせるように置く。

❷湿らせた用土で根をおおう（1〜2mm厚さくらい）。

挿し芽 コレオプシス（p.49）

種子から育てるよりも、早く開花を見込めるのが挿し芽です。品種にもよりますが、5～6月頃が適期になります。

予め挿し床を十分に湿らせておき、挿し穂の準備をします。用土に埋まる部分の葉は取り除きましょう。発根するまで日陰に置くのがポイントです。

❶伸びた枝を、ハサミで切り取る。

❷穂先を同じ長さ（10～20cm）に切り揃える。

❸埋める部分（5cmくらい）の下葉を取り除く。

❹挿し穂（5本）の用意ができた。

❺挿し床（鹿沼土）に棒で穴を空け、❹の挿し穂を差し込む。

❻人差し指と親指で挿し穂を軽くつかみ、鹿沼土の中へ押し込むようにする。

❼挿し穂をすべて挿す。

❽ジョウロにハス口をつけ、根元にたっぷり水を与える。これを2回繰り返す。

PART 4　植えつけと日々の管理

種子まき　直まき　コスモス(p.41)

　庭などに直接、種子をまく方法です。移植を好まない直根性の品種に向きます。主に種子の大きいものは、直まきにすると発芽しやすくなります。

　苗に育って混んできたら、間引きしながら育てていきます。

❶草や石を取り除き、種子をまく位置を決める。

❷人差し指で、種子をまく場所に穴を空ける。

❸❷の穴に、種子をまく。種子は横にすると芽が出やすい。

❹親指と人差し指で土壌をつまむようにして寄せ、種子にかぶせる。

❺ジョウロにハス口をつけ、たっぷり水を与える。

種子まき　セルトレイ　ネモフィラ(p.76)

　小さいポットが連結されたものがセルトレイです。いくつものポットを一度に移動でき、庭植えよりも、自然環境の影響を受けにくいのが特徴です。生育のよい苗だけを選別することができるので、効率のよい育成方法といえるでしょう。

　ただし、一つひとつのセルが小さいので、水やりを忘れないことが大事です。また、ポットのサイズが小さいため、苗に育ってきたら早めに植え替えましょう。

❶セルトレイに用土を入れ、ジョウロにハス口をつけ、たっぷり水を与える。

❷厚紙を2つ折りにして種子を入れ、ピンセットでセルにまく。

種子まき　ビニールポット　マリーゴールド（p.55）

ポットの中心に指で1か所だけ穴を空け、種子をまきます。苗を1本1本育てて間引きするのではなく、多くの苗をまとめて育てたいときに向くまき方です。

成長すると、鉢全体にこんもり育ち、花をたくさん咲かせることができます。

❶予め用土を湿らしておき、鉢の中央に、人差し指で穴を空ける。

❷厚紙を2つ折りにして種子を入れ、❶の穴にピンセットでまく（1～3粒）。

❸種子をまいた状態。

❹親指と人差し指で用土をつまむようにして寄せ、種子にかぶせる。

❺1週間くらいで、発芽した状態。

種子の種類

種子には2種類のタイプがあり、まいてから土をかぶせないものと、かぶせるものがあります。

こうこうせいしゅし
好光性種子

好光性種子は、土をかぶせずに、もしくはごく薄くかぶせて、明るい日陰で育てます。直射日光に当てると乾燥してしまいます。

例　マツバボタン→p.78
　　ペチュニア→p.79
　　インパチェンス→p.81

けんこうせいしゅし
嫌光性種子

嫌光性種子は、日光に当てると発芽しません。大きな種子をまくときは、用土に指で穴を空け、土をしっかりかぶせます。小さな種子をまくときは地表にまいた後、用土を上からかけて種子をおおいます。

例　ビンカ（日々草）→p.80
　　シクラメン・ヘデリフォリウム（原種）→p.82
　　キンセンカ→p.78

PART 4　植えつけと日々の管理

素敵な花々に出合えるガーデン

一つひとつの花が互いに響き合って、
芸術ともいえるガーデンが完成します。
プロの技を間近で見ることで、
きっとあなたの庭づくりのヒントになるはずです。

※2025年1月の情報です。

中之条ガーデンズ

7つのテーマの庭と、ファームエリアで構成され、広々としていて植物がのびのびと育っている。レイズドベッドの宿根草類は観賞しやすく、バラ園の植栽も見事。カフェやショップも併設されている。木曜と祝日の翌日が休園日。

住所：群馬県吾妻郡中之条町大字折田2411
電話：0279-75-7111
URL：https://nakanojo-g.jp/

国営武蔵丘陵森林公園

広大な森林に囲まれ、散策路では季節ごとにさまざまな花が見られる。ヤマユリの大株も魅力。宿根草のボーダー花壇は、見応え十分。ドッグランやサイクリングコース、BBQスペースもある。休園日はHP等で要確認。

住所：埼玉県比企郡滑川町山田1920
電話：0493-57-2111
URL：https://www.shinrinkoen.jp

服部牧場ファームガーデン

牧場の中にあるユニークなガーデンで、ヨーロッパの田園風景を思わせる。季節ごとに多種多様な宿根草が咲き乱れ、変化に富んで見飽きない。BBQ場や、直営のソーセージ工房、アイス工房も人気。期間限定で公開。

住所：神奈川県愛甲郡愛川町半原6087
電話：046-281-0917
URL：https://kanagawa-hattoribokujou.com

写真：安斎純子

ナチュラルガーデンズ MOEGI（萌木の村）

八ヶ岳南麓の標高1200m、宿根草が主体のナチュラルガーデンが見事。地域固有種を含め700種を超える植物を植栽。ホテル、カフェ、ショップ、メリーゴーラウンド、オルゴール博物館などもある。

住所：山梨県北杜市高根町清里3545 萌木の村内
電話：0551-48-3522
URL：https://naturalgardens-moegi.jp/

ラ・カスタ ナチュラル ヒーリング ガーデン

ヘアケアブランドLa CASTAのテーマである「植物の生命力と癒し」を五感で感じるガーデン。香りの植物にふれるアロマガーデンなど10のエリアから構成される。入園は事前予約制。水曜定休。

住所：長野県大町市常盤9729-2
電話：0261-23-3911
URL：https://www.lacasta-garden.com

停車場（ていしゃば）ガーデン

信州小諸市の駅前にあるガーデン。小諸の気候に合わせたウォールガーデン、ロックガーデン、里の庭、山野草園など、8つのイメージの花壇がナチュラルで美しい。カフェ＆レストラン、物産品も揃っている。木曜定休。

住所：長野県小諸市相生町1-1-9
電話：0267-24-2525
URL：http://www.t-garden.org/index.php

ガーデニングミュージアム 花遊庭（かゆうてい）

「庭は人を幸せにする」をコンセプトに、1300坪の敷地に、28のテーマガーデンが展開され、小さな庭づくりのアイデアが詰まっている。エクステリアの相談もできる。火曜休園日。4、5月は無休。

住所：愛知県豊田市大林町1-3-3
電話：0565-24-7600
URL：https://www.kayutei.co.jp

index

ア行

アガパンサス	35
アゲラタム	82
アジュガ	95
アスチルベ	46
アネモネ	90
アヤメ	47
アリウム類	62
イソトマ	81
イチゴ類（ストロベリー）	70
インパチェンス	81
ウインター・グラジオラス	61
エキナセア	44
エビネ類	94
オオアマナ（オーニソガラム）	88
オキザリス類	87
オシロイバナ	56
オステオスペルマム	72
オミナエシ	36
オルラヤ	56

カ行

ガウラ	36
カレックス類	95
カンパニュラ・メディウム	53
キキョウ	50
ギボウシ（ホスタ）	65
キルタンサス・マッケニー	87
キンセンカ	78
グラジオラス	43
クリサンセマム（菊）	70
クレオメ	40
クロコスミア（モントブレチア）	86
クロッカス	89
ゲラニウム	68
コキア	59

コスモス

コスモス	41
コリウス	59
コルチカム	86
コレオプシス	49

サ行

サルビア・スプレンデンス	58
シクラメン・ヘデリフォリウム（原種）	82
シダ類	65
ジニア	58
シバザクラ	69
ジャーマンアイリス	47
シャガ	93
シャクヤク	35
シュウカイドウ	64
シュウメイギク	40
宿根アスター	50
宿根サルビア	34
シラン	64
シロタエギク	71
スイートアリッサム	77
スイセン	85
スノードロップ	85
ゼフィランサス	84
ゼラニウム	51
センニチコウ	57

タ行

ダイアンサス	69
タイツリソウ	45
ダリア	43
チューリップ	89
ツワブキ	63
トレニア	80

ナ行

ナノハナ	54
ネモフィラ	76

ハ行

バイモ（貝母）	61
ハナニラ	84
ハボタン	77
パンジー、ビオラ	75
ビデンス	51
ヒナゲシ	54
ヒマラヤユキノシタ	93
ヒメヒマワリ（ヘリオプシス）	37
ヒヤシンス	88
ヒューケラ	92
ヒルザキツキミソウ	67
ビンカ（日々草）	80
フウチソウ	92
フジバカマ類（ユーパトリウム）	37
プルモナリア	94
プリムラ類	75
ブルーサルビア	57
ブルースター	53
ブルーデージー	71
ブルーベル	83
フロックス	38
ベゴニア・センパフローレンス	79
ペチュニア	79
ヘメロカリス	48
ヘレボラス（クリスマスローズ）	66
ベロニカ	46
ベロニカ（小型種）	67
ペンステモン	45
ホトトギス類	63

マ行

マーガレット	52
マツバボタン	78
マリーゴールド	55
ミソハギ	39
ムスカリ	83
モナルダ	39

ヤ行

ヤブラン	91
ユーコミス	60
ユーフォルビア	68
ユーフォルビア（'ダイヤモンドフロスト'等）	74
ユキノシタ	91
ユリオプスデージー	52
ユリ類	42

ラ行

ラナンキュラス	62
ラミウム類	90
リコリス類	60
リナリア・マロッカナ（姫金魚草）	74
ルドベキア	48
ロベリア	73

ワ行

ワスレナグサ	73

小黒 晃（おぐろ・あきら）

1952年、群馬県生まれ。千葉大学園芸学部卒業後、株式会社ミヨシに勤務。宿根草を中心に育種・生産を行い、約3,000㎡に及ぶ見本庭園を手がけた。常に植物とふれあい、初心者にもわかりやすい実践的な解説に定評がある。テレビや雑誌での活躍のほか、一般社団法人JGN（ジャパン・ガーデナーズ・ネットワーク）の会員として全国各地の講演でも人気を集めている。『ナチュラルガーデンをつくる宿根草』（NHK出版）、『新版 はじめてのハーブ栽培 定番50』（世界文化社）など、著書多数。

[画像提供]
ミヨシグループ「株式会社エム・アンド・ビー・フローラ」
ミヨシグループ「株式会社ミヨシ」
おぎはら植物園
園芸ネット株式会社
ハクサン PROVEN WINNERS®
Green Valley
Take One
小黒 晃

撮影	大泉省吾、桜野良充
イラスト	青木美和
ブックデザイン	大悟法淳一、武田理沙、柳沢 葵 （ごぼうデザイン事務所）
企画・編集	雨宮敦子（Take One）
編集担当	小山内直子（山と溪谷社）

1m²からはじめる
花いっぱいの小さな庭づくり

2025年4月15日　初版第1刷発行

著者	小黒 晃
発行人	川崎深雪
発行所	株式会社 山と溪谷社 〒101-0051 東京都千代田区神田神保町1丁目105番地 https://www.yamakei.co.jp/

●乱丁・落丁、及び内容に関するお問合せ先
　山と溪谷社自動応答サービス
　TEL.03-6744-1900　受付時間/11:00－16:00（土日、祝日を除く）
　メールもご利用ください。
　【乱丁・落丁】service@yamakei.co.jp　【内容】info@yamakei.co.jp

●書店・取次様からのご注文先
　山と溪谷社受注センター　TEL.048-458-3455　FAX.048-421-0513

●書店・取次様からのご注文以外のお問合せ先
　eigyo@yamakei.co.jp

印刷・製本　株式会社シナノ

※定価はカバーに表示してあります
※乱丁・落丁本は送料小社負担でお取り替えいたします
※禁無断複写・転載

©2025 Akira Oguro
All rights reserved.Printed in Japan
ISBN978-4-635-58055-7